功德山

好起來的力量

（好讀大字版）

寬如法師　著

貳・離苦得樂　佛法的光明能量　057

參・利他服務與感恩　處處皆佛法　087

自序／修行出家緣起

有時候，深感踏上出家之路似乎是觀世音菩薩的指引，一九九三年，人生出現了極大的轉變，從此，不但改變了我日後的人生道路，也影響了無數的生命……

在創立功德山中華國際大悲咒水功德會之前，年輕時因工作表現優異，引來同事忌妒，令我相當苦惱，正當孤立無援時，憑藉著幼年對觀世音菩薩的印象，每天清晨跪拜焚香，對著祂說話，希望快來、快來、快快來指點迷津。

過了一個多月，某天半夜三點下起傾盆大雨，一位素昧平生的比丘要找我，當時大雨滂沱傾盆瀉下，身上的袈裟及頭髮居然毫無濡濕，便好奇的問：

「師父您找誰呢？我不認識你耶……」

「我認識妳啊……」

「請問師父要怎麼稱呼？又是誰教您來的呢？」禁不住心中的疑惑再問。

「是你要我快來、快來、快快來的啊……我沒有法號，叫我師父就可以了。」

頓時明白此比丘乃為觀世音菩薩的化身，內心相當喜悅，而且太過興奮以致忘了懇請菩薩指點迷津。

比丘又說：「以後妳有任何困難就跟我說，我會來幫助妳，目前的問題只需要持誦《大悲咒》即可解決！」

此刻拿出一本《大悲咒》法本給我，我恭敬的雙手承接。

「下次再送妳小本的可放口袋，記得要把今天遇到我的事蹟印在《大悲咒》後面，讓世人知道，日後用大悲咒水來救人。」

這是我的第一本經書，也是跟《大悲咒》及和大悲咒水的因緣，非常感激觀世音菩薩示現比丘指引、救度我，並贈予《大悲咒》法本，要我深入修持並囑託要以大悲咒水救人。從此我便發願廣為流傳所獲贈的《大悲咒》，深入經藏二十多年全心修持《大悲心陀羅尼經》，也四處以大悲咒水與人結緣，並創立了中華國際大悲咒水功德會，提倡大悲菩提法門不遺餘力。

這些年來，因應眾生的需要而時常辦大悲菩提法會、遍灑三千、煙供等活動，每場法會，所度的眾生無量無邊，除了時常出現法頌舍利之外，種種壇城瑞相頻頻出現，在在都是佛力顯現。

自從功德會創立之後，不遺餘力的推廣佛法，在國內每月都有戶外活動，帶領弟子以大悲咒水灑淨的足跡遍及醫院、屠宰場、漁港、墓園、殯儀館……等地，不論是煙供法會、蓮花之旅、遍灑三千……屢屢都有不可思議的殊勝瑞相。

至於弘法的足跡也遍及大陸、亞洲甚至歐美各地，從美國紐約、洛杉磯到舊金山……等，亞洲則涵蓋香港、新加坡、韓國、日本、馬來西亞、印尼……等，連歐美包括加拿大、英國、瑞士……等全球每個角落，無不以真誠的心祝福，祈求健康、快樂常相隨，早日離苦得樂，遠離各種天災人禍，藉由佛法的傳遞，帶來祥和之氣，希望不管到了世界任何地方，都能帶給該國大吉祥、大富樂。

自一九九三年，觀世音菩薩化身比丘親贈《大悲咒》至今已逾二十年，也發了慈悲大願力及菩提心，期盼只要是持咒、念佛、講法的音聲，一切如來都與我同音；更期盼音聲可以傳遍虛空法界，使一切眾生皆能聽見。

無論是聽見音聲，或是見到本人、翻版複製，只要見到相、聽到名字，都可以消除一切眾生的惡業重罪，乘著蓮花往西方極樂世界，上品上生，成就佛道；並發阿彌陀佛之四十八大願，也發觀世音菩薩之十二大願，最大的期待即是國泰民安、風調雨順、惡業遠離、百業興盛、國富民強。

寬如法師

壹・

聞聲救苦 感悟佛法

你，還在執著嗎？

每個人來到世上，很容易受七情六欲的影響，而出現對名、利、愛情、面子……等各種執著，特別是愛情，不少人從年輕到終老，經常陷入愛情的執著中，有些人始終放不下，日子過得相當辛苦。

這種希望別人來愛自己的煩惱，就是貪愛，殊不知，自己擁有愛別人的能力。

大多數的人，總是習慣在被動、接收、接受的位子思考，尤其對愛，更是如此，當深感為何愛來得那麼辛苦時，不妨換個立場，放下對原有的愛情觀執著點，把自己滿腔的愛化為行動，付出去愛別人時，反而更加看得清楚自己和愛的本心。

當我們被動接受對方的愛時，便無法勉強別人如何愛自己、給自己的愛有多少，但是換成自己愛別人時，即可自行決定付出愛的能力。

祈求別人給予愛，很容易感到痛苦，若將感情轉換成「自己有能力多愛別人」，而不要求對方回報時，痛苦自然就不在。

當一面給予，一面又希望對方有所回饋時，無形中就會產生計較、比較。以愛情為例，時常有人認為：「我對你百分之百的付出，你怎麼只給我五十分的回報呢？」其實，欲望的背後便伴隨著煩惱而來，有煩惱就會產生痛苦，因此給予時，不要去想著得到什麼，若只是考量對方的好，就不會給自己帶來無謂的困擾。

除了愛情，「財務糾紛」更容易產生人與人之間的磨擦與裂痕，有時候，好心借錢給別人救急，最後卻難以討債時，常常使自己陷入痛苦深淵中。其實，此刻不妨轉念放下對此財務糾紛的執著，因為，從因果來看，只要有借就有還，即使這一世不還，未來也要還，只要不是過去欠他的，未來還是得還，所以過於著急，只是徒增煩惱，對於解決事情並無助益。

或許，很多人認為連自己都沒有錢用了，當然會希望對方還錢，然而，原本借錢就是出自助人之心，也會得到對方的感激，若為了逞口舌之快跟他強要，反而撕破臉，就會使最初的善緣變成惡緣，破壞彼此友誼。

因此，若對方真的無力償還時，也不要生悶氣，要和顏悅色的讓他理解，只要在能力所及的範圍內逐步還債，千萬不要因為沉不住氣而傷了和氣，陷入執著造成痛苦，應秉持不求回報的心情廣結善緣，才不會使「執著」成為阻止人生前進的絆腳石。

聰明工作不執著

根據統計，臺灣的工作時數高居全球之冠，其中，身邊不乏不少人是工作狂，一旦投入工作崗位中，就像便利商店般全年無休，對他們而言，工作等於生命的全部，人生就是為了賺錢，其他都不重要，也沒有別的嗜好，整個人宛如嫁給了工作，衝刺事業就像拚命三郎。

如果，對工作的執著在於創造出金錢的數字、業績，或是執著於名片上的頭銜，簡單講，工作狂就是追逐名利。日復一日的工作對他們來說，已經很習慣固定的生活模式，以工作為生活重心，整個人就像一部無法停止運轉的工作機器。

一成不變的生活，很容易僵化思維。不過，有的人每天拚命賺錢的原因，在於害怕「錢不夠用」，這種不安全感成為他生活最沉重的陰影，而這個陰影，甚至成為他的「信仰」。

然而，即使我們再怎麼全心投入工作，周遭的親友們，依然需要我們的關心，不能因為忙於工作，而疏於關心同事、家人、朋友，時間久了，身邊最關心我們的人也容易心生怨懟，甚至如果有了什麼萬一，後悔也來不及。

因此，保持生活及工作的平衡，無論是時間、心情都要妥善分配，若能撥出時間，懷著慈悲心助人會更好，只是對於凡事以工作為優先、第一考量的人，又該如何轉念？如何提昇生命的意義？

若身邊有一些對錢有不安全感的朋友們，便需要介紹他們認識佛法，這就好比種稻，隨時都要有未雨綢繆的危機意識，因為，只在乎存款簿內的數字增加，是沒有任何意義的，必須把一些錢留下來當作錢母，將它拿來植福田，更要留下時間來種秧苗，捐錢出去多方布施，未來便不怕沒有錢用。

如果想要改變，卻沒有勇氣跨出第一步，不妨先從熟悉的環境中尋找生活的小改變，例如，害怕離開公司的大改變，可先從主動關心、幫助別人等生活小地方做起，讓心充滿感恩、關懷與愛，使自己保持活潑、快樂的心情。

相反的，有另一種人奉行及時行樂、今朝有酒今朝醉的生活態度，這種人又該如何轉念呢？

其實，及時享樂大多是追求吃喝玩樂等物質欲望，儘管做這些事可以立刻得到快樂，只是這種快樂會稍縱即逝，因為人總有玩膩、厭倦的一天，這些由聲色感官所得到的快感很短暫，當快感消退過後，心靈就會格外空虛、匱乏，因為，當心靈缺乏永恆的快樂時，甚至會覺得內心空洞，若是等金錢揮霍光了、福報用盡，就會痛苦萬分，而且因為平常沒有尋找內心快樂的習慣，也不知從何做起，從何開始，當有一天，外在的財富用盡，就會發現內在的貧窮。

想要保持平衡的生活，不想變成工作的奴隸，便必須有捨才有得，才能提升財富的價值，如果平時精進於工作裡，對周遭的人仍不忘關心、噓寒問暖，對人都很大方照顧，學佛法又有推動大乘的菩提心，就可以得到上品財。

若是周休二日或平時空閒時，不妨多持《大悲咒》，接觸佛法，因為，許多工作上的瓶頸都能在佛法中得到啟示，而不是一休息就失去動力，生活只剩吃飯、睡覺，唯有清楚知道自己要的是什麼，找到心靈的歸宿，皆可作為人生調整的準則。

與善結緣，搬開人生絆腳石

每次有不好的事情發生時，有人常視為理所當然的惡，甚至以自暴自棄的口吻說：「誰教我們生活在鬼島？」對沒有宗教信仰、不信佛、懷疑論者來說，面對既然看不到、觸摸不到也感受不到的善，很容易心存懷疑、困惑，唯有與善結緣，才能杜絕惡果成熟，使人生的康莊大道日漸寬廣。

不過，為何人會對於「善」的美好，或是正念的力量產生懷疑呢？以「愛」為例，很容易讓人感受得到，透過物質傳遞愛心，好比送一樣禮物給人，捐錢給人相當於布施，接受者因為有了實質的收穫，就會相信這愛的存在。

因此，要相信人有善心，人心存在佛性，這不是說神論佛，而是每個人都具有愛、慈悲與智慧，只是程度不盡相同，當境界愈高時，就會愈顯慈悲、愈不計較，修行的位階也會愈高，而神、佛、菩薩就是至高境界。

所以，無須懷疑別人的利他行為，就像有些人製造產品是為了賣東西賺錢，但有很多人對事業有理想，堅持做出好東西跟大家分享，雖然一樣是生意人，一樣是商業行為，但我們也不能抹滅各行各業的從業人員，其中有很多人都有慈悲心，非關宗教，而是源自一分對社會的愛，而產生的企業責任。

假如都不願意從內心徹底相信，或是善根不佳，業障多，對任何事都抱持惡意，不相信善的存在，不相信人性的美好，或別人的真誠相待，甚至會認為他人對自己好，是不是背後另存目的？

不相信人性本善的人，日子將過得相當辛苦，甚至認為：「對我那麼好，是不是要動我腦筋，跟我借錢或另有目的？」不管有錢人、沒錢的人都容易這樣想，尤其當內心無法打開、看不到善的美好，常存著惡念、懷疑來看待外界，這樣的人即使佛、菩薩在他面前，要給他好處，還是會充滿懷疑，時時提防，覺得處處都是危險，這樣的人生不是過得十分可悲嗎？讓「懷疑」成為阻礙自己前進的最大障礙。

另一方面，行善也很容易受到別人的毀謗、誤會，所以行善不只要付出相當的代價，還要忍耐、經得起且能接受考驗，因為有一部分惡的勢力叫作「魔障」，它是來打擊善念，使行善遇見阻礙，阻止自己行善，這是惡緣，也是魔的爪牙。

其實，行善者不是為了別人的誇獎才努力行善，每當遇到批評指責時，也不能受到任何毀謗、責難，而動搖了最初的心。

無論外界有哪些反對的聲音，只要相信這是對的，就該一直做下去，至於不對的，就要加以改變、改善、改進，隨時調整自己的腳步，好比學生讀書有考試，每當考試都會難免會答錯扣分的時候，但不能因為討厭考試，就故意不讀書。

世界上有很多善心人士，都樂於付出他的善，因此行善千萬不要被懷疑而打敗，應持有自信心，才能持續在善的道路上前進，最後終將能走上一條康莊大道。

增加正能量，親子關係更和諧

望子成龍、望女成鳳是大多數父母的期望。不少家長把未完成的夢想，託付在孩子身上，期盼他們能為自己爭口氣，然而，一旦子女沒有實現父母的期許時，父母就會感到相當痛苦，久而久之，也造成親子之間的代溝，這便是為人父母的執著。

其實，孩子有時並非不願意聽父母的話，而是孩子的智慧、福報尚未到達一定的程度，此時，一味期望子女到達目標，就是沒有考量孩子的因緣、也沒有放下自己的要求，畢竟子女是獨立的個體，一再要求子女走自己期待的路，無非是緣木求魚，反而增加親子之間的疏離感，不妨以朋友的角度，參與陪伴孩子的成長，更能增進親子之間的感情。

很可惜的是，大多數的父母過度保護孩子，一直希望把子女綁在身邊而不願意放手，太害怕孩子受到傷害，因此成長過程宛如在溫室中的花朵，若有一天要離開孩子時，卻因昔日的過度保護，造成難以自立的依賴性格，實際上對子女並不一定有益。何不換個立場，雙手贊成子女在成長過程中多方嘗試，鼓勵他闖盪一番，把握機會大顯身手，中間只要展現適度關心即可，讓孩子知道工作、業績、賺錢的辛苦與壓力，才會理解原來維持家計，並沒有想像中的簡單。

孩子就像一張白紙，對任何新事物都感到好奇，面對社會險惡也沒有概念，總是要親身體驗，過程中必須經歷很多次的跌倒，才能飛得高、飛得遠！因此，要有承受失敗、挫折的勇氣，從生命體驗中慢慢成長茁壯，在做中學，培養上進心，並從中培養獨立性格，及早累積豐富的人生經驗，長大成人之後才會使父母放心。

唯有讓子女勇闖世界，及早鼓勵孩子努力體驗各種新事物，實際參與體會更多課本之外的智慧，從中調整人生的步伐，一步一腳印以生命來體驗真理，當未來能夠在自己的天空自在翱翔時，才能理解爸媽的苦口婆心。

畢竟，父母無法陪伴子女一輩子，適度放手讓孩子飛，讓他學習課本之外的人生經驗，歷練回來才會更加珍惜家人，感激並明白父母的用心；即使父母自己有事業，身為富二代的子女，依舊可以拿出勇氣闖盪一番，在別人的公司體驗當基層員工的辛苦，未來繼承家業時，才能理解基層員工的想法，也唯有從基礎做起，才能從人與人的互動中學習如何善待他人、尊重別人，與為他人著想。

親子關係除了父母對子女外，子女如何對待父母，也是很重要的。接下來，我們再來看看，現今為人子女，有哪些需要調整的親子關係？有不少為人子女者，也經常陷入孝順父母時，應在物質上不虞匱乏的迷思之中。

許多孩子畢業投入職場之後，總認為給父母名車坐、豪宅住、吃遍山珍海味，就是最大的孝順，實際上，使父母放下執著，對死亡不恐懼、不貪求一切名利，才是最佳的敬孝之道。

當子女勸父母放下執著時，其實需要很大的耐心。此刻，不妨為自己發菩提心，也為父母發菩提心。發菩提心就像播種，可能要花五年、十年等灌溉、照顧，才會產生力量，等到父母漸漸看見子女的改變時，也會跟著轉念，那麼，種下善心、善因緣之後，人生會逐漸轉變，各方面皆可受益。

身為子女者，若能投入時間和父母一起修行，共同培養慈悲心，養成有大愛、有壯志、有大願的心，培育善根、啟迪善知識，增加家人的功德及智慧，一旦升起大願行的心，就能帶給家庭更多的正能量，增添更多的善緣。

化自卑為自信

俗語說：「人比人，氣死人。」每個人從小到大，都免不了被別人拿來作比較，更有人經常深感許多地方不如人，心裡時常出現自卑感，尤其在資本主義的時代下，到處充滿名利誘惑，無論是車子、房子、名牌包……等物質條件，或是公司、頭銜代表不同的社會地位，容易產生比較下的痛苦，此刻不妨學習佛法，從中增加自信心，並培養積極樂觀的人生態度。

大多數的上班族，奔波於公司與家庭之間，好不容易到了周末，早已身心俱疲，回到家只想看電視、玩臉書，生活中並沒有讓自己非學習不可的動力，自信心也難以提升，時間久了，就容易產生自卑感，面對學佛時，又常陷入教義是消極無為，甚至認為學佛就是吃苦的迷思中，殊不知接觸佛法，不但有助於開啟智慧，也容易重拾學習的熱情。

若沒有接觸佛法，很容易在工作數年後，漸漸消失學習的動力，再度面對各式進修課程時，便經常以不同的理由如天氣太冷、下雨或另有要事加以推拖，久而久之，失去生活的目標及生命的鬥志，那麼，眉宇之間所散發的神情，也就離自信愈來愈遠了。

其實，自卑感強的人，可藉由學習佛法來充實自己，增加充電的能量，當智慧提升後，頭腦也變得靈活許多、反應快、舉一反三，不僅可提高自信還能修福報，堪稱是一舉數得。

另一種人則是猶豫不決，老是舉棋不定，原因出於對自己信心不足，凡事易作出錯誤的判斷，代表了業障深、善根少，做事時總是想太多、做太少，當自己不願求進步、裹足不前再加上沒有自信時，根本不相信自己可以成為有用的人。

面對自信心不足者，首先要開啟自己的心門，否則很難有所改善，因為疑心與猶豫的根本原因，在於不了解因果與佛法，因此，必須走入人群四處弘法，才能透過更多管道，讓很多人明白佛法存在的目的。

弘揚佛法的路並不好走，唯有以佛法作為依靠，加上堅定的信心才能一路堅持。師父持《大悲咒》前往世界各國弘法時，把《大悲咒》的功德迴向給各國的一切眾生，把這一分很深的愛，灌注在每個國家或即將前往的任何地方，儘管困難重重，但是為了完成使命，克服各種難關都全力以赴，以致推動的過程格外順利，也愈做愈起勁，這就是佛法加持的自信心。

無論是走訪大陸、美國、加拿大、新加坡、馬來西亞、印尼、德國、英國……等國家，儘管是不同語言、膚色、人種……等，面對從未謀面的芸芸眾生，因不畏艱難，以堅定信心與大眾分享真誠的愛，隨著弘法的腳步，將這份殊勝的愛深植在當地人的心中；這一分善念造就的良緣，也會在未來成就善果，也會伴隨著歡喜心，結下很深厚的善緣。

正所謂「萬事起頭難」，在國外弘法時，必須忍受孤獨、飲食、文化等各方面的差異，處處都是挑戰，唯有堅強的信心及意志力，才能克服困難，適應異國文化，真正突破國界及疆域，把佛法散播到每個人的心中。

由此可見不只是弘法，任何人若想離開生活的舒適圈，面對未知的一切，通常需要極大的勇氣，但這股勇氣從何而來？何不把它當成戀愛中的男女，若其中一方遠在異鄉，長時間無法見面時，便非常期待見到對方，一旦有了真心及熱忱的動力，即使路途遙遠，也要千里來相見，因為，戀愛會帶給情侶信心及相當強大的力量。

走出第一步除了需要勇氣之外，若養成「吃苦當成吃補」的態度，當一切苦盡甘來時，得到的果實也會更甘甜，因此，當心中產生愛的動力，一舉一動都洋溢熱情時，即可將小愛化為大愛，擴大愛的範圍，延伸出更多愛的能量。

沉浸在大愛的佛法世界裡，經由研讀佛教經典，將對生命有所體悟，在長期的耳濡目染下，無形中會產生前進的力量，進而升起救度眾生的慈悲大願，帶來不可思議的法緣及善緣。

作自己，別老是為別人而活！

很多人常為了別人而活，直到生命盡頭時，才懊悔沒有為自己而活，究竟該如何勇敢作自己，使生命更加圓滿呢？現代人為了符合世俗的眼光，或為了別人完美的印象，盡可能在家庭、事業、身材容貌等用各種方式包裝，極力掩飾自己的不完美；然而，世界上沒有十全十美的人，一旦達不到預期的結果時，往往容易使自己陷入痛苦的深淵裡，長期活在別人眼光中的日子，生命也找不到出口，情緒更是得不到緩解……

為別人而活的人，往往忽略自己的感受，總以別人的標準來過日子，時間久了便備感壓力，且失去生活的空間，其實，透過學佛並以真理作為依靠時，便是選擇一條對的道路，從中獲得人生正確的指標。

勤於研讀佛教經典，就像心中有一把智慧的尺，不但能獲得善知識，更能了解眾生沒有分別，心裡常存善的理念時，做的事情即會符合對的因果，凡事問心無愧，即不會被別人的眼光所困擾，並從中獲得作自己的勇氣。

由於佛法擁有慈悲、清淨的真理，熟讀佛教經典不但能增長智慧，在行、住、坐、臥之間，亦可漸漸放下種種顧慮，無須在意世俗的標準，因為人生真正的目的在於服務別人，散播愛與快樂，使生命更加豐盛而充實。

很多人誤以為「為別人而活」是一種義務，必須把所有一切都給別人，而失去自己應追求的一切，例如許多家庭主婦都把生活重心寄託在家人身上，認為一生的青春都應該奉獻給先生、孩子，時間一久便容易感到哀怨、不甘心，每當心中出現一些糾葛時，漸漸和家人產生代溝、甚至衝突，而傷了家庭和氣。

然而，佛法是講求利益眾生，學習佛法便可了解，服務人群是發自內心、無所求的付出，當所做的一切都是心甘情願、不求回饋的奉獻時，便能從「為別人而活」轉換成為「為眾生而活」！只要心念一轉，就會使生命充滿自在、快樂，進而培養出「沒有眾生，生命就沒有意義」的人生觀。

因此，了解佛法之後即可廣結善緣，積極創造為眾生而活的機會，這種偉大且殊勝的生活態度，與一般為別人而活的人，存在著相當大的差異，大多數人為了家庭、眷屬、老闆，勉強自己做不開心的事，而非發自內心的真誠，忽略內心的感受，只是作足表面工夫，私下卻容易感到不快樂、四處抱怨也自怨自艾，長期下來就會痛苦不已，殊不知委屈自己的背後，只因為心中缺少了愛。

很多人以為《心經》所提到「觀五蘊皆空」，意指色、受、想、行、識都是空，似乎沒有自己的感覺；其實，若心中擁有大愛及慈悲時，並不會感到勉強，正所謂「甘願做，歡喜受」，就像佛來到人世間的目的，也是為了眾生而來，當祂看到世間的苦，便要把形成苦的原因告訴世人，希望大家不要再造苦因，以後就不會感到人間疾苦了。

從今天起只要改變不是為別人而活的信念，把善行、善念與修持的功德分送給每一個人，迴向給所有人；當心中擁有豐盛的愛，就會愈做愈開心，廣結善緣亦可得到大家的愛，兩者之間形成善的循環，而這種循環所形成的力量，將會產生源源不絕的行動力，使人更樂於無私付出，進而愈做愈歡喜，生命也愈豐盛自在。

降低欲望，生活坦然無煩惱

每個人活在世上，從小到大都有許多欲望，從情欲到物欲無所不在，如何降低欲望，降低得不到時所感到的痛苦呢？人生共有八種苦，其中之一是「求不得苦」，所謂「地獄五條根」分別為財、色、名、食、睡，當欲望過多時，容易產生許多煩惱，其實，若是福報相當足夠，財富、名利自然會自動找上門，很多事並不是用強求而來，過度祈求無異是自尋煩惱。

現今有許多人認為，只要有錢即可滿足許多欲望，隨著拜金主義的盛行，現代人在五子登科的人生路上也講求速成，因此，女生期盼嫁入豪門，男生更希望娶到富家女，可以少奮鬥二十年，殊不知「貪」易使人變得猙獰，耍心機，更會淪為貧窮，反而與想要的結果背道而馳，完全得不到預期的結果，因為，天底下沒有白吃的午餐，如果沒有那麼大的福報，卻用盡心機、各種手段嫁進豪門，所得到的幸福也不會長久。

俗語說：「豪門深似海。」若是自我的氣勢與富貴人家不相上下時，就不會感到有壓力，然而，若在面子或物質上矮人一截，在內心深處感到自己高攀權貴時，便容易不快樂，彼此並不是在相同的生活水準時，婚姻生活的經營就會感到相當大的壓力。

許多夫妻結婚多年，沒有好好經營，感情似乎愈來愈淡，很多人只願意去廟裡祈求婚姻幸福，卻不願意布施分享，當存在過多對另一半的期待時，對方就會承受許多痛苦，因強求不到等於「妄求」，所以，期盼達到目的的唯一方法便是「布施」，只要付出即感到輕鬆自在，愈是願意給予，就會得到愈大的力量。

因此，降低欲望，平時能捨得、多布施，就會得到名利、家人的愛和一切人世間美好事物，別小看給予的力量；給予比祈求的力量更大，給予的過程就像播種，當播種愈多時，收成也會隨之增加。

除了樂於布施之外，以謙卑的心發好願，更是深耕福田的最好方式，當一切都是不貪求時，反而會得到很多。要如何降低欲望？第一步就是不貪求，做任何事情腳踏實地，才能得到最豐盛的結果，因此，想要達成任何心願，首先就要四處廣結善緣，未來享用的榮華富貴，才會比預期多更多。

不過，不少現代人對於物欲相當執著，尤其是名牌包、服飾……等等，期盼藉由外在條件來彰顯自己的身分、地位，實際上，就算擁有全天下的財富，甚至得到了最棒的美女、帥哥，當生命的盡頭來臨時，一切名利、物質都無法帶走，唯一能跟著到下一世的是我們此生所植的福田、善業、智慧、功德……等，這些才是值得一生追求，很可惜許多人終其一生追逐無限的物質欲望卻毫不自覺，最後成為物質、金錢的奴隸。

因此，不妨趁年輕時，多身體力行、勤於布施，為自己深植福田、累積福報，把慾望轉化成追求利益眾生的行動力，將使生命更加圓滿自在。

苦惱不再，歡喜迎向人生

很多人終其一生陷入「貪、瞋、癡」等三毒之中，若是心中充滿瞋恨、嫉妒、發脾氣，就會破壞善根，因為，唯有善的種子落地生根，才有機會向上開花結果，如果，連善根都被連根拔起，再也無法得到善果，又該如何期待開花結果的一天呢？

舉例來說，有不少人為金錢苦惱，不管是錢借出去卻發生討不回債、或是被倒會等窘境，深感自己一生離不開貧困。若是過去修得足夠的福報，錢就會回到身邊，因此，平時多為所做的事種下善根，若能轉念，時常存善心、行善事，就像散播善的種子，總有一天所得到的善果將可結實累累。

由此可見，想要杜絕貪、瞋、癡，迎接豐盛的生命，便必須謹言慎行；因為，時常罵人易生瞋恨心、口出惡言也會嚴重傷害自己的善念，所以生氣無益處，也會成為貧窮、憤怒的惡鬼，正所謂「一言既出，駟馬難追」出口之前必先三思，才不會造了太多口業。

不過，若是從事時常罵人的警察、老師或教官工作，必須要糾正民眾的行為，口氣雖然嚴厲，但千萬不要和對方結下惡緣，若是老師則要學說話的技巧，在不傷害學生的尊嚴下，又能讓學生受到規範。

「癡」就是執著、放不下，由於執著是想要得卻得不到，只要貪心就會生氣，所以貪、瞋、癡就像孿生兄弟般形影不離，也就是佛法中常說的「三毒」。

由於執著所產生的起心動念，也是惡業及罪障，因為，過度執著時只會想到自己所擁有的，太過於堅持自我的想法，而不願意採納別人的意見，便容易受到束縛，智慧也不容易展開；執著就是自私，若沒有執著就會放下。

佛說心懷慈悲，若持善意好願布施於人，即願意把一切最好的都分享給別人時，還有什麼值得眷戀呢？若能做到把最好的分享出去，便能夠得到智慧。

對無神論者來說，可能會認為是迷信，而對於有信仰的人來說，一開始都想要藉由信仰來尋求生命的依靠，等到智慧慢慢提升之後，才會知道原來內在生命中有許多寶藏，所以只要向內求即可得到，而不是向外求。

特別是「愛」，雖然看不見、摸不著，但如果向內求，代表著把自己的愛無私給予大眾，那是明確且真實的感受，不管是否有宗教信仰者，愛能讓所有人感到安穩、快樂、舒服，因此，那並不是迷信。

佛教經典常教人要愛與慈悲，即是以廣大的慈悲來愛護眾生，這與信仰並無直接關聯，而是佛愛大家，也是落實對一切生命的愛，因此不必懷疑。有時候，念《大悲咒》或灑大悲咒水，如果不是心中存有愛眾生的心，想要落實並不容易，尤其現代人的時間都很寶貴，可以做自己愛做的事，為何還要花時間學習佛法、何苦花時間度眾生呢？

只要有心學佛，就會發現佛法的真理是無價之寶，如果在世間看醫生、請律師、看心理醫師都是所費不貲，否則沒有人願意傾聽垃圾、煩惱；然而，因為佛愛世人，學習佛法所得到的智慧及體會，都是出自真實的感受而非迷信，使弟子真正可得到關心與愛護。

若是不相信佛法，就是抹煞佛的愛，即使是向人傾吐心事，也無法輕易相信別人，且僅把佛法當成一種宗教，對不信的人來說，自己的心門並沒有打開，也會與人格格不入，只是活在狹小的自我世界裡，無法拓展視野、開拓心胸，當然難以得到福報，因為福報源自於心胸寬廣。

因此，學佛的重點在於相信佛法，相信是清淨心且無所求，唯有相信才能和佛法接軌，有所相應，把愛融入內心之中再綻放出來，進而擴大愛的能量，從愛別人、愛社會到愛國家，使生命更加豐盛。

放下人生四苦，活在當下最自在

人生有許多煩惱，無論男女或不同的人生階段，煩惱也不盡相同，但大多離不開生、老、病、死，幾乎每個人都期盼長壽；活出健康、快樂的過每一天，不過，世間有些人含著金湯匙出身，人生一帆風順，卻有人出身貧困，一生懷才不遇而自怨自艾，為何命運的起點，有如此大的分別呢？

有人延年益壽、卻有人英年早逝，在截然不同的生命旅程中，使多數人對人生的意義充滿問號，殊不知今世命運大不同，與前世的因果有極大的關聯，因此，有些人臣服於命運的枷鎖中，也有人不甘於命運的安排，以行動力努力改變看似既定的人生軌跡。

佛法說，看清生命的本質，就像花開花謝，是自然界的基本循環，一旦看透了任何生命都有生滅，就不會感到哀傷，面對生、老、病、死時，更是如此。以「生」為例，有些生命並沒有得到祝福，尚未來到人世間已被墮胎；有些人出身富貴名門，一生衣食無虞；有些人則一生坎坷、時不我予，無論命運的安排如何，不妨勇於接受、活出希望，努力打造自己的人生藍圖。

以「老」為例，每個人都會衰老，生命就像沙漏一分一秒的流逝，沒有人能靜止時間，阻止光陰的流動，因此，唯有把握當下做有意義的事，而不是活在抱怨裡，唯有多說好話、做好事，才有好福報。有許多人認為等到年紀大了再來做志工，殊不知生命無常，若尚未等到年華老去，即蒙主寵召，豈不徒留一身遺憾？

也有人認為，等到退休後再展開學佛的修行路，其實，若趁年輕有為的青壯年時期，每天撥兩小時學習佛法，就能靜下心來檢討自己、思考未來，而少走冤枉路，不會浪費生命，從面對生、老、病、死得到覺醒，透過給人祝福與迴向，以淨化身心，祈求一切眾生離苦得樂，也為自己早日行善、布施、植福田。

很多人以為佛法消極，其實，經由學佛持咒來改變人生態度，養成不蹉跎光陰、意念純淨的生活態度，即可持續累積正能量，以陽光的心情度過每一天，即可活得積極自在。

一個精采可期的人生，並不在於長壽與否，年齡大小更不會構成實現夢想的阻力，而是把每一天當成最後一天，活出生命的深度與廣度，一點都不難。

以「病」為例，很多人面對病痛時苦不堪言，才會想起年輕任意消耗體力，揮霍健康；或是不能及時布施，等到臥病在床奄奄一息，病入膏肓時，來不及圓夢了，在病床上動彈不得時才後悔莫及，感嘆當年沒有把握當下，最後帶著遺憾，離開這個世界。

因此，學習佛法之後，更能感受到珍惜每一刻的重要，保持健康養生的生活，養成未雨綢繆、活在當下的人生哲學，養成熱情的行動力，趁年輕全力以赴、不畏艱難實現夢想。

在醫院裡，醫生及護士就像病患的天使，無論過去多麼健康、強壯的人，一旦生了病，無論是食衣住行等生活起居，都必須假手他人，等於是把命運交到醫護人員的手上。只是有些病患所罹患的重病，很可能是因果病所造成，醫護人員無法醫治，不過，若是心沒有死，抱著懺悔、認錯的心祈求悔改，病情就有希望好轉。

除了向佛祖祈求病痛消除之外，若能擴大為醫院的所有病患祈福，發願祈求所有病患都能重拾健康，對自己而言，更是無所求的付出，就會啟發菩提心，那麼所散發愛的能量，將形成一股源源不絕的善循環。

若是臨終患者，也可以經由學習佛法，使自己坦然面對死亡，對於死亡不會感到恐懼，了解往生後的靈魂將以另一種方式存在，肉體不過是使用數十年的軀體，當年歲增長，就像一部年久失修的汽車，多年來南征北討，許多零件由於長期使用而故障、毀壞，到最後，不過換一臺新的汽車上路罷了。

人生到了最後，都逃不過「死」，然而，很多人面對親人的離去時，內心出現重大失落，往往要經過很多年，才能走出失去親人的陰影，實際上，這一世能夠成為家人，皆與前世修的因果有關，因此，若能在家人往生之際，多為往生者植福，也是一種福報。

不妨趁有生之年努力過好每一天，盡力活出生命的色彩，多做一些對社會有意義的事，多布施、多奉獻，才會不枉此生。

信仰，不是迷信

現代人對人生迷惘時，都會尋求宗教的慰藉，不過，到底「信仰」與「迷信」兩者之間有什麼分別呢？這個問題經常使人感到困惑，其實，真理是信仰的依據，有經文作為依靠，以佛法約束自己的起心動念；而迷信是向外求，不停四處祈求，期盼經由膜拜可以求得什麼；信仰則是相信皈命，相信佛說的一切真理，是一種追尋與遵循，兩者之間有很大的差異。

佛說：「因果就是種什麼因、得什麼果。」「信仰」是一種行動力，當真理在心裡熏陶時，就像人生有明確的指標，當內心有所依靠時，將朝著光明的指標前進，與迷信完全不同。

即使在日常生活沒有任何宗教信仰的人，也相信只要土地種稻米，就會長出稻米，或是打人一下，對方就會感到疼痛，兩者之間互為因果關係，這是事實而不是迷信。佛法談的是真理，指的是因緣果報，畢竟萬事、萬物都不是憑空而來，而是真實的因果相應，因此，大家若希望生命中遇見貴人、得善緣、得好運，必須在平時勤植福田，多原諒人、多給人方便，才能為自己招來貴人。

想要得到別人熱情的愛，第一步即是必須很真誠關心大家、珍惜彼此；但如今現代人大多過於冷漠、沒有慈悲，只關心自己，卻不關懷身邊周遭的人，在人我之間築起一道高牆，釀成許多難以收拾的悲劇，若能多一分關懷，即可注入一股暖流，化解一道道人與人之間難以跨越的鴻溝。

如果不希望生命中遇見小人、或常遇見各種障礙來破壞心中的期盼，平時不要樹敵或傷害眾生，就能阻止惡緣，未來才有善緣；然而，若不做利益眾生的事，最好的結果則是互不相欠，但未來也不會得到大家的愛，彼此形同陌路、互不相欠。

這個世界上有各式各樣的人，有些人對於輪迴嗤之以鼻，不置可否，於是不妨度他來聽佛法，以學佛的智慧、功德等來指引他，或許，就能改變思想，進而影響行為，使生活各方面都更加充實精進。

俗語說：「佛度有緣人。」佛並不是有辦法度每一個人，可能只是這個人跟他的緣不好，也許經過長時間的灌溉、迴向給一切眾生，一定會有不錯的緣，只要有緣相遇時，再用法緣、佛法教他，想得到的一切自然就會開花結果。

脫下人生面具，大自在

很多人每天工作上班，只是為了掙一口飯吃，求得生存溫飽，便強迫自己戴起面具，把外在各方面都武裝得很好，從不輕易展現脆弱的一面，久而久之，戴著面具示人，每天都活在痛苦之中，時間一久，面具很可能也拔不下來了，究竟該如何放下這些面具呢？

其實，人生的面具可分成兩種，一種是迷惑前的面具、另一種是清醒後的面具。面具是一種相貌，比如武裝的是企業的相貌或個人的面貌，為了達到工作上想得到的目標，武裝後的樣子無非是希望得到他要的結果，當這種人學習佛法之後，就能明白不是靠武裝而擁有一切，而是培養善緣、福報、功德、歡喜心。

想要贏得別人的信任，需要待人誠信，不能說謊，如果穿得衣冠楚楚，但行為卻不符合自己該有的表現，好像衣冠禽獸、說話刻薄、表裡不一，即使開名車、背名牌包，也得不到大家的信賴。

所以，做出符合自己身分的適度裝扮即可，有些人帶著面具的目的，是為了使人看重他的行頭，但是內在根本沒有智慧，或做事不切實際，總有一天會被人看出破綻，當大家發現說一套做一套時，即使說得天花亂墜、冠冕堂皇，過不久就會被人看出端倪，絕非長久之計。

經常帶面具的人，時間久了，自己也會覺得很累，或是沒有實質內涵，容易留給大家「中看不中用」的花瓶印象，外在華麗而內在卻不可靠，因此要多為自己充電，也養成謙卑、恭敬、柔軟的菩提心，才是最好的化妝品。

做事用心真誠，就像人生最受用的保養品，因為，每個人的眼睛都是雪亮的，正所謂「認真的女人最美麗」，當菩提心加上誠信負責的做人態度，面容將是端正慈祥，且散發著正面的吸引力，無不展現高度積極的影響力。

如果一個人做事誠懇、沒有架子、不欺騙別人，又保持謙卑的心，當內心不高傲、待人寬容和氣，即使穿得很樸素，大家還是會覺得這個人相當實在。

另一種是覺悟後的面具，這種是像佛要度人，祂會以不同的樣貌示人，比如祂度國王的時候，要有尊貴，要有信心，顯示國王的相來度他；或這人必須是現父母相的因緣，才能度得了他，祂即現出父母相來度他；如果這人須以童男童女得度，祂就現童男童女身來度他；這人希望看到佛，祂就現佛身來度他。

因此，面具不一定是不好，要看起心動念是什麼，究竟戴面具是騙人，還是度眾生？又該如何分辨是好或不好的面具呢？

每個人都希望帶給別人好的印象，期盼別人覺得自己有實力，因此為了包裝自己，難免要把自己打扮得外型亮麗，正所謂「佛要金裝、人要衣裝」其實，只要適度的服飾穿著，無須過度奢華，以符合身分地位的打扮，展現自我風格，並且保持謙恭有禮、不要四處樹敵，給人一種狂妄自負、目中無人的傲氣，將很容易引起別人的不悅，反而得不償失。

俗語說：「滿招損，謙受益。」如果自認為不足，不妨把自己把姿態放低、身段放軟，也是以退為進的一種方式，反而會得到別人的支持，因為每個人都有悲憫心，當謙卑待人時，反而易得到對方的鼓勵，這不僅是一門學問，也是人和人之間和睦相處的重要課題。

轉念，化煩惱為利益眾生的能量

每個人都有很多想法，有些根深柢固的想法，通常都會帶來許多煩惱，偏偏人生有各種煩惱，例如家庭、事業、健康……等無所不在，很多身外之物如名、利、愛情、面子等執著，更使人生過得辛苦，究竟該如何轉念，才能使煩惱轉化為利益眾生的能量呢？

舉例來說，有些家長很愛面子，要求孩子的表現，要讓父母有面子；把這種執著加諸孩子的身上時，如果孩子脫稿演出，得不到父母的肯定，就會感到痛苦，很多父母把自己的希望、面子寄託在孩子身上，期待自己的孩子有出息，期盼他們能為自己爭口氣，卻在不知不覺中，給予孩子過多的盼望，結果造成親子關係的疏離。

有時候，也不是孩子不願意，只是父母沒有考量孩子的因緣，也沒有放下自己的需求，再者就是孩子的業力果報，造成他心有餘而力不足，尤其當智慧、福報沒有到達一定的程度時，當父母若一味要求孩子，雙方始終為了無法達到的預期結果而煩惱不已，無非是揠苗助長。

如果孩子過去修得很好，保持守規矩、慈悲心的大愛精神，加上有壯志行大願的行動力，若有如此善根，孩子就會很好教，他自己也會有上進心、進取心，不用刻意推動，親子關係也維持不錯，否則就是一般凡夫，若期許他當聖人，就需要時間慢慢培育、啟迪他，增加功德、開啟智慧，使他明白一切，並生起行大願的心。

有時候，往往一念之間的「固執」，在於沒有正法作為依循，就是我執，都是堅持自己的想法。一般來說，若捨不得財富，執著於追求更大的財富，反而很容易收到反效果使人變得貧窮；但若是捨不得菩提心，是利益眾生的堅持，反而是布施的圓滿，當不捨棄眾生就是執著眾生時，反而易成就布施的圓滿。

執著眾生是布施的圓滿，原因在於因為這種慳貪，與慳貪的財富不同，慳貪眾生代表的是放不下眾生；但一般人的慳貪，大多是放不下身外之物、或放不下自己，當自己放不下眾生時，就會有所成就，因此，轉念後就能發現菩薩和凡夫之間的差異，從思想到行為，各方面都有很大的不同。

貳・

離苦得樂 佛法的光明能量

放下得失，生活自在得歡喜

有些人無論是開心或是悲傷，老是以一張撲克臉示人，似乎心情經常低落，一直處於沮喪的狀態裡，內心很難感到快樂及幸福，這種人該如何迎接生命的朝陽呢？有一句話說：「是你的跑不掉，不該是你的也強求不來。」就是告訴大家不要得失心太重，唯有放下得失心，才不會患得患失。

「得失心」是指人的希望，因為大家都希望更好，希望耕耘都會有收穫、有回收，當內心充滿正面、正義感，並始終保持善行、善心時，在因果關係上都會有好的回報。只是有時候，機緣需要等待，不能過於急躁，必須等待因緣成熟，自然能夠得到好報，連稻米需要種半年才能收割，而有些水果樹甚至需要三年，果實才會開始生長。

另外，在善的方面也要精進耕耘，尤其要利益更廣大的眾生時，有時會面臨一些考驗，絕不能半途而廢，否則就白費工夫，機緣就難以成熟，所以要忍耐、穩得住腳，等到它成熟要繼續灌溉，才不會夭折。

因此，行善者除了努力於工作及家庭之外，在人際關係方面有時也要忍耐，畢竟一樣米養百樣人，有些人需要時間相處，給予彼此相互了解的時間，才會漸漸建立信任感，例如對同事、家人的愛要很真誠，不求回報，若抱持這樣無所求的心，也不必害怕失去，因為期望不要太高，失望也就不會太大，自然會有豐收的一天。

是以，在心態上要調整一下，例如有很多老人家認為養兒防老，若不要過於期待子女養老，當成養育也是一種慈愛，並不期望他孝順與否，當沒有期望時，言談之間不會帶給對方壓力；不過也要教育孝順的道理，在言談之下沒有苛責，就不會造成親子之間的代溝與摩擦。一旦想要回報、期待收穫時，就像投入感情，害怕沒有收成、沒有回報，因而會沒有安全感。

任何人都會期待永恆，然而，萬事萬物都有生滅，有緣起自然也會有緣滅，所以看透緣起緣滅就會比較自在，了解這是人世間萬物的生態，有生有滅、緣起緣盡，無須過於執著，也不要想要掌控什麼，當占有欲太強時，有了執著就會想要占有它，執著並不會產生智慧，因為放不下而害怕失去，有愛，有取，有占有，有控制，生死輪迴就是這樣來的。

隨時保持心情輕鬆、自在，凡事只管付出、不問收穫，不要寄望任何事物都是完美，就不會有不安全感，若結果不如預期時，不妨把它當作布施，例如青春、金錢、體力都樂於布施時，就能無時無刻保有歡喜心。

學會獨處，看見本心見智慧

有些人很害怕寂寞，只要打開行事曆，把行程排得相當緊湊，到處跟人見面、聚會，害怕獨處，這樣的人該如何克服寂寞呢？

當自己的心靈得不到平靜時，才會每天、每一刻都要有人陪伴，因此，定時找一段平靜的空檔時光，與自己獨處其實是很重要的。

如果是無謂的享樂、打牌、閒聊八卦，害怕一人在家裡，安排今天跟朋友逛街，明天和姊妹淘喝下午茶，每天都去不同的party，或尋找一些刺激，花很多時間做一些無意義的事，或是一天到晚在家看電視、看各種口水節目，尤其現今資訊氾濫，接受過多的垃圾訊息，只會使心更加紛亂煩躁。

有些人的生活沒有目標，只是為了把時間填滿。那麼又該如何充實自己的生命呢？當一味的和朋友聚會、吃飯、談是非、聊八卦時，此刻的眼、耳、鼻、舌等感官，始終面對鬧烘烘的環境，不但內心難以清靜，智慧更無處展現。因此，每天都需要有個時段，讓自己沉靜下來，檢視自己的言行是否得宜，或是哪句話說得過於損人、太兇、給人壓力，才能修正自己的行為。

然而，獨處的時間要做什麼呢？可以寫日記自我反省，可以看書、聽音樂沈澱心靈，但不妨花點時間修功德，多念《大悲咒》、佛經、拜佛、坐禪……等，花時間研讀佛經並從中尋找答案，即可為自己消除很多障礙、增加福報；不論如何，每個人再怎麼忙碌，都應該抽出一段空檔，重新整理自己的思緒，調整步伐、再出發。

其實，人若要學習成長，就必須忍受孤獨，何不享受這分孤獨呢？尤其面對自己時，通常都是一個人，因此，不要認為這是孤獨，由於每個人都需要很多獨處的空間，讓自己靜下來，才能反省自己是否有做錯的事，保持心的平靜，才有助於靜心思考。

唯有「孤獨」才能讓自己有思考的空間，所以，靜下心來想事情，如果做錯了該怎麼調整，探索未來生命的方向？提前把這個月、這個禮拜該做的事情加以妥善規畫，不停思考這一生所追求的使命，終生朝這個方向、這個目標前進，如此一來，哪來的時間害怕孤單呢？

如果每天都能利用獨處的時間，從思考的過程中發現自己的不足，就應多多充電充實自己；對於無能為力的人和事情，加以持誦《大悲咒》來迴向求得順利圓滿，增長善緣，充實自己去除障礙，增加智慧的力量，這些都需要一個人去精進，或由大家一起來持咒當成共修，不管是一人或多人，都需要多抽一些空檔時間來反省，做為檢視調整的指標。

如果過去一直喜歡去熱鬧人多的地方，時常持《大悲咒》可以改善生活，若想要得到貴人，持《大悲咒》會增加善緣，容易遇見善友，也不會結交狐群狗黨，或是結交抽菸、喝酒、打牌……等做壞事的酒肉朋友，為了愛護朋友就要來持《大悲咒》，將會遇到好事，一定要花時間學佛持咒，每天都會感到過得很充實，不會覺得孤獨。

或許，當一個人獨處時，有人會認為：「好可憐，自己都沒有伴……」但對於一個生活有願景、有目標的人來說，事情都忙得做不完，哪有時間一天到晚找人聊八卦，從看經、持咒、護持眾生等，有太多事情可忙，沒有大愛的人才會覺得無聊、無所事事，浪費生命。

佛說，若有慈悲，就要布施，將所有男人當成父親，把所有女人當成母親，如果能把一切眾生視為自己的孩子，就應有一分責任感，如此一來，有更多利益眾生的事需要護持，怎麼還會孤單、無聊呢？

包容，培養柔軟心

資本主義盛行的今天，許多現代人常以名利、物質來衡量一切，尤其是全身名牌華服者，時常擺出一副不可一世的傲慢，給旁人很大的壓力，然而，驕傲只會引來忌妒、不好的人緣，最後導致沒有朋友，自然沒有人願意教他，過著孤高自賞的痛苦人生，若是心懷謙卑，當機緣成熟時，自然就會有升遷、被提拔的機會。

「驕傲」會使人感到難以親近，例如夫妻之間，可能是男方娶到富家女，或是女方嫁入豪門，若家勢顯赫的那一方，展現出傲慢、高高在上的氣勢，身為經濟弱勢的那一方，該如何包容對方，才能使生活過得快樂幸福呢？

其實，不只夫妻之間，這種情形也可能發生在手足或朋友之間，例如有人賺得較多，就很容易用言語嘲諷其他人，有錢人看待窮人經常是稱斤論兩。因此，想要引度傲慢的人，必須學會隱忍，先投其所好，多多讚嘆他前世的布施而有今日的福報，先和對方結好緣，才有機會進一步度他。

一般人看到富人承受病痛時，可能會落井下石，抱持幸災樂禍的心情，好不容易看見那討人厭的人受苦，往往不會寄予同情；因此，要秉持一顆度化眾生的心，需要長時間的忍耐，當他一帆風順，依舊是盛氣凌人，此刻完全度不了他，不如經常讚美他：「過去世一定修得很好。」以讚美拉近彼此的距離，他聽了也快樂，深感彼此是同一國的。

因為，傲慢的人可能沒有知心的朋友，一旦生病時，會很孤單，當他無助脆弱，可能也是福報用盡時，也是度他的最適當時機，因此為了度他，平時應保持友好的互動，與有錢人相處第一步就是取得對方的信賴，當他在痛苦時想到你時，才有因緣協助他。

不管對方是什麼樣的人，都要不吝讚嘆他，因為今世有錢是過去世常布施，大力讚嘆他過去的因，以及以前修持的果報。「你現在這麼有錢，高高在上，因為過去有歡喜布施，又如此謙卑，所以如今這麼富貴，真不簡單；可惜自己過去沒有這樣修持，不然就能門當戶對。」因為認同對方、時常讚美，而不是用惡毒的口氣責罵人，引起對方的不舒服，不但得不到認可及肯定，甚至會內心生恨，若要度他就會更難上加難。

和傲慢的人相處，偶爾也要自我調侃一番，使他感受自己的優越感，如此不但氣味相投，甚至和傲慢者結為好友時，就不會再傲慢了。通常比較傲慢的人，並不覺得自己氣焰高漲，因此，只要懂得因果，才有辦法與他相處，度化他。

所以，學習佛法之後，才有機會度每一個人來學智慧，了解得到富貴的方法，如果現在的狀況很差，也要知道為何運勢那麼差，才能知道該從什麼地方下手，進而改變命運，總而言之，為什麼會貧窮潦倒？通常都是愛生氣、捨不得布施、想要多得、貪求等原因而造成。

如果有些人一面做善事、又一面愛生氣，等於斷了善根，要時常檢視自己的行為，不要亂發脾氣，真正了解「原來生氣會窮」的道理，才能遠離貧困的厄運，行有餘力，還要勸人要做好事、多布施，才有機會等待善果成熟的大豐收。

唯有明白因緣果報的真理，才能以佛教義理服人，殊不知罵人其實是傷害自己，所以固執不改，等他知道後就會衡量自己的缺點，然後醒悟自己不要那麼傻，生氣有什麼好處？進而把這條瞋恨的路堵住，同時也杜絕墮入惡道的機會。

只要有善心善行，對於別人的惡不生恨，也不要對人性灰心，一路都存著善心、善語、善行走下去，並且幫助眾生、利他奉獻，依靠佛的智慧學習佛法，如此一步一腳印，就會有信心好起來，就不會太過哀怨。

淨化，就是清除內心的負面能量，例如愛計較、不願意吃虧、憎恨，對被人辱罵等無法忍受的行徑時，要有忍耐的能力，因為忍得下來就不會傷害自己，為了自己有善行、要結善果，就必須放棄怨恨。

好的人際關係就不會深陷憂鬱，因為，人際關係佳的人多半願意吃虧，但是他們也因此會得到好人緣。想得到好人緣，實際上，也是主動付出及善心、善行所鋪設出來；因此，當心存好念時，就會相信人都有善的一面。

對別人不要太苛刻，不要看他的壞，要看他的善，也會讓自己快樂、清涼、淨化，若一直把惡業記在心裡，內心也會不好受，不要經常懷疑每個人都是壞的，要相信每一個人即使壞，也只是一部分的行為偏差，應等待他的成熟回頭，不要認定只會永遠壞到底，人終有一天會醒悟過來。

正所謂「佛度有緣人」就像母親等待孩子成長，不是一開始就會走路，總是跌跌撞撞，撞到後來滿頭是傷，才知道這面牆不能撞下去了，因為撞了會痛，吃到苦之後就會回頭了。

有時候，要等待眾生的因緣成熟，其實，自己有時也會不成熟，希望得到別人原諒，期盼得到別人的包容，所以，期待的過程中也要給予別人，等待他的成熟。因此，不妨要記得人的善，內心也會在向陽處，樂於揚善就會感到快樂，心中存著歡喜善念，未來就有善果。

當與富貴相伴時，有錢卻能保持隨和、親和力時，像爸爸媽媽像對待自己的子女般愛惜，一定會得到好人緣，大家都會認為有錢又那麼謙卑，實在很不容易，就會贏得很大的讚嘆。

及早修行，謙卑有禮得好緣

不少剛出社會的新鮮人，在校只是念了分數可就讀的科系，當大學四年畢業後，並不一定了解自己未來要做什麼，也不知道自己潛力何在，該如何開發自我優勢呢？年輕人不妨來學佛，不但能了解自己，更有助於明白生命的意義，進而樂於承擔及付出，為社會貢獻所長。

想要成為對社會有用的人才，不少年輕人都期盼未來能位居高位，甚至當上總經理、董事長等領導人，那麼，一定要先強化自己的專業，加上多聽、多看、多思考，以及勤快、忍耐、不能生氣等性格上的鍛鍊，才能在同儕中勝出，成為社會的中堅分子。

除此之外，年輕人不妨從學佛的機會壯遊，到世界各地行腳，散播佛法之餘並培養國際觀，從參訪觀摩中開啟自己的視野和創意，進而了解國外的思考模式，學習優點並讚嘆他人，有時候，國外因風俗民情、民族文化的不同，更能激發人的學習力，轉化成為自己的工作能量。

面對地球村的時代來臨，想要在公司、同事、客戶的心中成為不可替代的要角，除了學習職場的基礎知識之外，經由佛法實踐做人處世的道理，例如學習謙卑、恭敬、親和力等，才能在承擔的過程裡，得到更多的學習和成長。

然而，現今年輕人都是父母的掌上明珠，集合長輩寵愛於一身，只要求子女讀書，生活上卻像一片白紙，也沒有教導如何經營人際關係，再加上科技工具變化快速，使多數孩子活在虛擬的網路世界裡。

結果在現實的生活裡，年輕人往往只知道要別人對他好，卻不知以善待人，一旦習慣了茶來伸手、飯來張口，完全不知道工作背後的辛苦，因此，行事作風一定很容易只想到自己的立場，但卻忽略別人的感受。

因此，首先要學會恭敬別人，尊重別人的專長，多吃虧一點，不要計較，多做事、多觀察，少說話，才能贏得他人的敬重。因為，倫理與道德也是對人性的規範，可惜一般年輕人、父母都未能察覺這些元素的重要，唯有做好自我管理，對自己有相當大的責任感時，才能贏得別人的敬重。

只是多數學校僅教課本上的知識，年輕人若真想成為社會的棟梁、讓人依靠，獨立撐起一片天，成為社會的支柱、行為的標竿，不妨期許自己熟讀佛教義理，把自己視為海綿，保持精進、謙卑的心，勤快吸收人家的專長，努力吸收新知，多向前輩請益，且多布施、多做利他的事，才能保有競爭力。

年輕人在企業裡，若能養成比別人早來、比別人晚走的習慣，當多數的上班族都是朝九晚五的作息時，只要每天早到、晚走各一小時，還勇於布施時間、體力、愛心、不計較的幫助別人，分擔同事事務，一段時間後，主管會看到他認真的一面，也會得到同事的肯定及支持，並在主管心中留下好印象，增加在公司的能見度，且深得主管的賞識及提攜，相信很快將成為公司的明日之星。

若由公司內脫穎而出之後，就會成為公司代表，將可在業界增加能見度；就像在學校必須先經過訓練，代表校隊比賽為校爭光，並代表縣市參加全國競賽，進而成為國家選手，成為國家代表，出國和全世界的高手一較長短，當得獎的那一刻來臨時，立刻成為全世界的目光焦點。

「能見度」就是名，但名氣並不是祈求而來，要謙卑無所求的樂於奉獻，當社會地位逐漸升高時，機會一來就容易脫穎而出。

唯一要注意的是，年輕人在追逐金錢、利益之餘，也不要忘了清靜心、慈悲心、菩提心，尤其當事業有成之後，所賺取的錢別忘了要轉化為利他的價值，以生命耕耘得來的財富及地位，若能用於學佛、發菩提心，利益眾生，那麼，就會成為這一輩子所擁有的一切，未來將會更具有對社會的責任感。

這股服務眾生的大願，還能發揮更高的影響力，更能登高一呼影響同業，感召各行各業效法，所以只要一轉念，就能帶動整個家庭、員工、企業及社會形象的整體提昇。

工作是個人實現自我價值，可惜的是，很多年輕人找工作時，常以待遇為考量，而不是依照興趣、志向來選擇，有時候，當金錢追求到某種程度目標時，就會調整方向，像是有人先追逐現實生活的所需一切，只好先壓抑自己的興趣，等到有一天財富自由了，即會返璞歸真，前往追尋曾經失落很久的興趣，例如藝術創作等，所以，只要機緣成熟時，就會完全不一樣了！

其實，年輕人只要能夠發現自己的興趣、自我優勢，秉持熱忱、謙卑的學習心，即可奉獻經歷，擁有自己的舞臺。

工作不抱怨，堅持理想更有行動力

自古至今，東方人常給人含蓄、謙虛的印象，相較於西方人自信、熱情，中國人常常顯得保守。

談起「自信」，當一個人無法洞悉過去，也不能預知未來時，容易對自己沒有信心，由此可見，沒有依靠及依據時，想要提升自信也不容易，因此，在生活上要依靠佛，因為佛洞悉過去、明白未來，祂說的真理等著大家在生活中實踐，只要照著祂的方法做，就會出現有印證的理論結果。

有很多上班族工作一段時間之後，很容易陷入工作倦怠，日復一日早已沒有特別的情緒，做任何事都提不起勁，面對身處在物價齊漲、薪水凍漲的年代，一成不變的生活難以化解自卑感、提高自信心，當這種情況出現時，完全只是想到自己，此刻不妨轉念，認識佛法改變思維吧！

因為，學佛不但可以學習講話技巧，更能訓練控制思想，使自己不要貪心、瞋恨、懈怠，學習忍辱、精進技能，才能明白人生的目的。

一旦轉換不同的思考及行為模式，並抱持不求回報的付出態度，除了可改變截然不同的結果之外，亦可獲得意想不到的收穫；畢竟，隨時帶著愛與熱情，學習任何事物時，便可產生更大的動能，進而服務大眾，奉獻一己之力！

由此可見，只要在職場上保持一顆學習的心，願意接受訓練、培育，秉持和求學時代相同的讀書態度，依教奉行學習專業，保持單純的念頭，便不會深陷自卑之中，亦可漸漸增加自信心。孟子曰：「天將降大任於斯人也，必先苦其心志，勞其筋骨，餓其體膚，空乏其身，行拂亂其所為，所以動心忍性，增益其所不能。」可見若期盼人生更上一層樓，唯有勇於接受挑戰，才能使身心鍛鍊出更強韌的生命力。

「命運」是掌握在自己的手裡，熟讀佛教經典即可了解，佛法所追求的是積極正向的人生態度，學佛之後，除了由自己彩繪生命藍圖之外，更能重拾生命的發球權！

實際上，人除了愚鈍之外，懶惰、冷漠更無法得到智慧，除非願意改變習慣，生命才可能出現轉機。

成功者與一般人最大的不同，在於成功者會想辦法突破各種困難，讓自己不斷吸收學習，但是，一般人卻常活在自怨自艾的埋怨聲中，當自信心不夠強大時，便容易出現怯懦、膽小等行為，害怕面對改變者，只能原地踏步，那麼，一旦遭遇超出自己可承受範圍的挑戰時，將會難以面對，甚至束手無策。

很多人想要提升自信，必須從改變自己開始，勇於對別人布施，給眾生無私的愛，多做有利於他的事，多布施給對方，日後就有把握這人以後會成為好朋友，如此一來就能廣結善緣，一段時間就能左右逢源，慢慢建立善友圈。

除此之外，一個人要恢復信心，也要來了解佛法，就會從中找到信心，因為佛法就是依靠，只要依經修持，經就是正道、軌道，不用害怕會不會迷路，僅照著走即可走到對岸去。

不過，人生處處都會面臨各種挑戰，有些人也許是性格較保守，害怕面對挑戰，只敢做自己有把握的事，對於未知的未來較難勇於嘗試，如何讓自己脫離舒適圈，樂於追求較高的目標，讓人生到達更高的境界呢？

想要在各種挑戰中勇於面對，不但要恢復信心，更應該樂於接受各種考驗，但如何突破自己，不要畫地自限？此時不妨修持《大悲咒》。《大悲咒》有助於去除恐懼、增長智慧，持《大悲咒》還能得到相當大的福報，甚至遇到好部屬、好客戶或好長官，日後提高職場上的能見度，在未來擔任更高、更大的職務。

相反的，若沒有《大悲咒》的法力加持就覺得沒有勇氣，覺得一切都變得難以掌控，所以，持《大悲咒》帶來的幫助是不計其數的，還能優遊於工作、家庭之間，持《大悲咒》也會使家親眷屬恩義和順，家人之間較有體諒的心、彼此包容，使家庭氣氛非常和諧。

因此，若想為自己增添貴人，就先從提升信心開始，為家人付出、為朋友植福、以《大悲咒》化解惡緣、貴人將會源源不絕。

淡泊，也是一種幸福的態度

現今社會是資本主義的時代，無論是開發中或已開發國家，人們為了追求更好的生活，都存在著不同程度的虛榮心，例如住豪宅、名牌包、穿華服……等等，但這些東西真的可以提昇自己嗎？

這種虛榮感只是短暫的滿足，或許這些富人真的有這些財力，一旦達到某種程度的富貴時，擁有名牌對他而言，只是成為一種強調身分的工具罷了，以往可能是為了「打腫臉充胖子」，隨著社會地位愈來愈高，尤其是名牌物品輕而易舉取得時，也就自然成為基本配備。

面對一身名牌華服的人，也不必羨慕或忌妒，因為在過去世所修的福報，使現今的物品也較為高級，例如有錢買到好地段的房子，對這種人來說他的享受並不為過，只是，若希望自己的福報不是只用來今生享受，在擁有之餘，還能把一部分的福報、財富拿去利益眾生，去供養道場，來推動佛法，讓更多人好起來。

如果有菩提大願，開名車、背名牌包也無妨，因為不是把所有福報給自己，捨不得給別人，就像比爾蓋茲、史汀、基努李維這些著名的大慈善家，他賺的錢並不是自己用，而是大部分捐贈給弱勢團體，那麼，將財富發揮更大的價值，就有更多經濟弱勢因而受惠。

佛要度人，有時候也要做不同的適度打扮，例如有人是看外表，也有人看修行，或是看慈悲心，例如要度窮苦人家，便不要把自己弄得過於華麗，不然對方會有壓力，會覺得自己很卑微；若是要度達官顯要，或是追求享樂、物欲很高者，他們會認為：「你是名師，怎麼看起來這麼落魄呢？」以為修行都要變得窮困落魄，對學佛反而打了退堂鼓。

其實，以外在來評斷一個人並不準確，未必能了解其中的原因，有時候，為了談生意，就必須擁有與身分符合的配件，若沒有這些配備，對方也不會相信，例如有些有錢人若看到師父穿金戴銀而不禁讚嘆：「哇！師父用的東西都那麼好，肯定是名師！」從外在判斷是否門當戶對，似乎大牌法師才是能當他的師父，才有資格拜他為師，世上這種人其實並不少見。

因此，穿戴名牌要看起心動念是什麼，名牌物品本身沒有過失，但若是過分追求奢華，很容易迷失本心，心力浪費在追求金錢和物質享受上，而把福報都用完。因此應檢視自己享用的意圖在哪裡？像有些弟子正好買了名車，拜託師父坐他的車，賜予吉祥、平安，若外界不了解的人，很可能會誤以為「師父坐名車」，一旦不明白事情原委時，有時容易產生誤解，因此，不要過於在意外在的表象，才不會陷入名牌的迷思。

對修行者而言，「修行」就是放下身外之物，外在就是留給那些要看外在的人看，修行的人都出家了，就是已經不在意外相，因為福報是要用來利益眾生，而不是留給自己享用，一般人只要不過度追求奢華享受，淡泊名利也是一種「幸福」。

落實時間管理，親近菩提心

現代人忙於事業打拚，常常沒有時間自我實現、照顧自己的心，然而，隨著科技進步，３Ｃ產品不停推陳出新，而手機、臉書、Line等讓大家都變成低頭族，而更少時間投入閱讀，簡直成為螢幕的奴隸，一直活在虛擬世界裡，愈來愈少時間直接接觸人群、服務人群，如何解決這個文明世界所延伸的問題呢？

其實，３Ｃ產品最大的優點在於可即時和全世界溝通，或想祝福別人時，利用這些東西就會變得即時快速，因此，正所謂「水可載舟、亦可覆舟」，若是像搭捷運時，常不難發現大家都在玩遊戲或購物、聊天，漸漸喪失自己的競爭力，該如何把科技產品轉化成為提升競爭力的利器？

實際上，當投入心力做無謂的瑣事時，就等於浪費時間，除非有自我覺醒的意識，告訴自己把它用在正途，向別人取經如上網看專業設計，看其他人如何規畫、設計，或是閱讀大師的作品，看別人的文采，無論是何種學習，善用3C產品加強專業領域的探索，都是自我成長，當身體感到勞累時，就需要停下來讀經、持《大悲咒》，因為靜下來就有佛力的加持，使自己更有力量。

有時候，閱讀或收太多資訊，也必須淨化、清理，才能有更多全新的創意思維，當人開始冷靜、沈澱時就會產生智慧，並排除執著的障礙，像老舊的思維模式皆可得到調整，思想也會變得較為活躍。

「時間管理」對現代人而言，早已成為一門必修課題，無論是家庭主婦、老闆、學生等，生活作息都不太一樣，對家庭主婦來說，早餐、晚餐都是家人在一起的重要時間，其餘白天的時間如何分配得宜，需要時間表加以規畫，找出時間整理家務、買菜，當處理家事結束後，不妨靜下心讀《大悲咒》，把功德迴向給家人、朋友，或是出去送大悲咒水、佛寶、佛法。

不論從事什麼行業，最好能撥出一些時間服務大家，例如利益眾生、關心別人，四處廣結善緣等，像有許多香港的師父弟子，每天都要灑大悲咒水，把它養成習慣之後，每天為自己安排一些累積福報、修持功德的時間。

只要有心愛眾生、愛同事、愛客戶，儘管每個人的工作環境不同，依舊可以做不一樣的調整，例如做業務、做行政等，或隨身帶大悲咒水，每當見客戶時，除了給世間或交易性的物品或金錢時，更要給對方清靜和福報，處處與人廣結善緣，而非每件事情都講求利益、回饋等交易，反而要多與各界結緣，因結緣是無所求，例如送一片師父的光碟給他，讓人有機會接觸佛法，有機會改變命運，這是相當殊勝的。

因此，每天一定要切出一段時間吸收佛的智慧、服務別人、奉獻佛的智慧，譬如有那麼多的方法，可以和人分享，給人實質的物品或奉獻的時間，在工作時並關心眾生，兩者可同時兼得。

或許，客戶已找了兩三家比價，但，在談生意時因有關心的問候，令人感到相當慈悲，不僅提供了解決痛苦的方案，甚至給予大悲咒水，這種利他、關心的精神會帶給客戶更加特別良善的印象，這些關心客戶的動作在無形中，都會累積福報，只要有心和時間加以落實，以服務的心告訴他：「大悲咒水用完了，再告訴我！」讓工作與服務利他同時結合，久而久之，客戶無形中也會深受感動。

其實我們日常的工作也是服務人群的一種，若想從人群中得到利益，不妨想想該如何回饋眾生，若能做好時間管理時，也會深感這樣做，真的會從內心感到快樂無比，而過得相當充實，而不會覺得無聊，只想拿手機玩遊戲。

在車上，亦可念《大悲咒》，不妨也祈求全車廂、整條捷運的人都能得到佛光普照，得到《大悲咒》的好處，如此一來，即可和車裡的所有人結善緣，相反的，若是一味打電玩，不只花錢交網路費，還要充電，更傷眼睛，不過是埋頭苦幹跟手機業者、電信公司「結金緣」罷了（把你口袋的錢付給他們）。

實際上，只要起心動念，多做利他服務的事，因為，當因緣到了就能用心布施，例如坐在車上，當車子行經的每個路段，只要沿路持《大悲咒》，大家都可得到平安，當發起廣大發菩提心時，善根亦可成熟，隨時隨地都是積福報、修功德的好時機。

參·

利他服務與感恩 處處皆佛法

凡事感恩，事事水到渠成

多數人都期盼擁有豐富的生命力，嚮往多彩多姿的生活，不妨時常保持感恩心、以誠待人，多做一些服務、利他的事，當對方深受感動時，無形之中就會得到他們的支持，因為，四處廣結善緣將可增加好人緣，當有一天自己茁壯、成長了，就能得到許多支持的力量！

俗語說：「吃虧就是占便宜。」可惜的是，現今有許多年輕人在付出之前，總是先衡量利益、斤斤計較，深怕吃了一點兒虧，然而，唯有無私奉獻及不求回報時，才能贏得人心及信任，若有一天需要幫忙時，大家都會願意排除萬難、鼎力相助。

隨著經驗的累積，當能力漸漸提升至有機會居上位成為領導者時，帶領團隊更需要無私的愛，多讚美、多鼓勵每一位成員，關心大家的生活，傳遞正面、積極的影響力，才能發揮更大的團隊力量。

佛說要抱持感恩的心，為什麼「感恩」會如此重要呢？其實，「恩」這個字代表的是一種感動、愧疚，當付出給別人，若對方心存感恩時，得與失之間便不會過於計較，然而，多數人正好相反，儘管過去有十件好事，卻意外出現一件壞事時，雙方很可能出言不遜、甚至大打出手，偏偏現代人好事易忘，遇到壞事卻銘記在心，其實，若把挫折或屈辱視為上天的考驗，面對逆境而能心存感謝時，無非是感恩的最高境界！

佛說「上報四重恩」，四重恩包括了父母恩、師長恩、國家恩、社會恩，時時感恩，將是扭轉命運的試金石。

首先是父母恩，養育子女是一條漫漫長路，不過，很多孩子卻視為理所當然，甚至時常與家人爭執，殊不知若沒有長輩的生育、養育、教育，子女又如何擁有傑出的成就呢？因此，當有能力建立家庭或有機會做大事、賺大錢時，都必須感激父母的恩情，而不是像來不及出世的孩子，還沒出生就被墮胎了，因此，有機會來到世間成為人，是一件相當幸福的事。

當父母年輕時全心撫養子女，等到年事已高、髮禿齒搖，甚至體弱多病時，身為子女，若能以恭敬、客氣、尊重、孝順的心對待父母，面對長輩抱持報恩的心，即會產生很大的福報，未來的人生之路也會愈走愈寬廣。

不過，現代社會物資充裕，加上孩子生得少，許多父母把子女照顧得無微不至，簡直成了「孝子」、「孝女」，可惜的是，有不少子女卻視為理所當然，到處抱怨家庭、埋怨環境，而不知父母恩情的偉大，如此一來即是斷了善根。

例如有些子女身世卑微，長大以後隨著能力提升、社會地位漸漸提高，但父母依舊停留在原來的樣子時，孩子極力想劃清界線，如此不知感恩只會用光福報，由此可見，「感恩」是一切的根本。

此外，對老師也要感恩，畢竟，一位老師的學成需要很多年才能累積智慧，再將畢生所學傳承給學生，教學過程也要投入相當大的耐心及愛心，面對不同的學生亦需因材施教，不過，有些考不好被老師責備的學生，卻從此懷恨在心，其實，這是非常不智的。

有時候，老師所扮演的角色不只是傳授知識，更教導做人的道理，啟發學生的心性及智慧，建立道德的觀念，培育學生成為社會上有用的人，甚至成為國家的棟梁，因此，往往師長一句鼓勵的話，極可能改變學生的一生。

正所謂「一日為師、終生為父」，若沒有老師的諄諄教導，學生宛如在蠻荒的森林長大，不懂得書中的道理，不懂做人處事的道理，因此對師長不能忤逆、頂撞，畢竟在人生旅途中，若能遇到名師指點迷津，將是此生最幸福的事。

再來是國家恩，唯有國家安定，才能帶給人民安穩的生活，遠離戰爭及動亂，因此要感恩國家、進而報恩、為國爭光，增添福報及利益，亦不能做出傷天害民、喪權辱國的事。

除國家之外，也要報答社會恩，無論是士農工商、各行各業都提供每個人便捷的生活，使生活帶來很大的方便，例如走出家門，想坐車就有車子坐、想吃飯就有餐飲店，如果凡事都要自己從頭開始，豈不是花費更多心力呢？因此，從父母師長、社會到國家，若大家都秉持感恩心，社會將會更加和諧。

此外，佛法無邊、菩薩慈悲，即使大家看不到佛，但祂還是存在，且不斷祝福這個世界，並加持每個生命，使任何眾生都能得到快樂，讓智慧、福報都得以圓滿；因為，佛的智慧就像一座燈塔、指引人生的明燈，使大家不會在生命的旅途中迷失，漸漸朝向燈塔的方向前進，邁向光明之路。

有時候，在路上會看到僧人在化緣，這些在各地到處傳法的僧人宛如燈塔，帶領大家走向光明，當燈塔愈多，世界就愈光明，愈是弘揚佛法，眾生就愈有智慧，當大眾一聽到佛法時，就不易心生煩惱，欲望也會降低，行為也會收斂一點。

不過，很多人分不清感恩心與慈悲心，兩者之間有什麼分別呢？「感恩」是當受人恩惠、接受他人的好意、得到大家的關心及祝福時，發自內心生起「欠人情」的愧疚感，慈悲則是給予、奉獻，兩者就像一體兩面，有異曲同工之妙。

保持正面思維的祕訣，在於時時抱持感恩、奉獻的心，從小至個人、大至國家，當人人都減少抱怨或攻擊時，便不會造成彼此對立，加上學習佛法，即多了互助、少了自私，因此，感恩是安住自己內心的基石，這就像是陣陣漣漪般，將產生無可限量的助益。

布施扭轉命運，人生逆轉勝

「要怎麼收穫，先怎麼栽！」但是，對一生命運坎坷的人來說，透過不斷的布施與付出，真能改變命運嗎？「樂於付出」看似容易，不過，若是一貧如洗的窮人又該如何透過奉獻，使人生從黑白變成彩色呢？

過去有一位弟子，因先生負債必須在外面生活，也不給家裡生活費，自己又要帶兩個小孩，生活過得相當辛苦。此時師父建議她不妨以先生、自己及雙方的冤親債主等四種名目來長期護持，為自己增加福報、勤耕福田，或參加遍灑三千、煙供法會、或來到道場做義工，另外，多持《大悲咒》亦有許多不可思議的好運接踵而來。

這位弟子持續不斷深耕福田，時間久了，生活果真漸漸改善，不但還清負債，甚至先生回心轉意，更願意提供每個月的生活費。只要對佛法正信不移，心情將會變得快樂、陽光，生活也更加自在，人生從此逆轉勝。

由此可見，無論是金錢或時間的布施，只要願意多奉獻自己所擁有的一切，不求回報的付出，加上斷惡修善，即可改變先前坎坷的際遇、遇見貴人、看見機會等，出現各種人生轉機。

此外，以前也遇到一位命運坎坷的美髮師，所經營的美髮店過去是塊墓地，每個顧客前往消費時，都會感到陰冷無比，幾乎沒有客人願意再去第二次，其中有一位員工，看見店裡出現許多亡靈，常常把屋裡擠爆了，由於美髮店的磁場很差，生意也一直難有起色，甚至面臨倒閉危機。

這位美髮師四處尋求解決之道，還尋覓世界各地的高僧大德，都難以解決這個困境，最後來到功德山找到師父，師父便對她說：「你要度人來聽我講經。」當時她在桃園，即度人來店裡聽經，講經即是度那些亡靈，她更帶兩部遊覽車的人，每個月參加蓮花之旅、煙供法會、遍灑三千……等活動，並且在住處附近灑大悲咒水加上持續念誦《大悲咒》，這樣持續進行了三個月都未間斷。

過了短短一季之後，原本一個月不到五十個客人的美髮店，如今居然超過一千五百個客人，甚至還要排隊預約，沒想到三個月左右，竟有如此大的改變。

每個人都期盼扭轉命運，期待經由師父的加持，迅速得到立竿見影的福報，卻不一定想付出；然而，想要得到一切卻不願耕耘、不肯付出奉獻時，那麼，幸運之神也難以降臨！因為，天下沒有白吃的午餐，愈是出現不想付出、吝於奉獻的心態時，最後只會得到不如預期的結果。

正所謂「先耕耘，才有收穫」。很多人以為佛門慈悲，即什麼都不做，只是燒香祈求，期待奇蹟發生，那麼做無非是緣木求魚；儘管佛度有緣人，當凡事捨不得、放不下，又不願付出，只是一心期待上天的眷顧，根本就是天方夜譚。

如果，真心想讓自己擺脫過去的命運枷鎖，首先要相信一定能改變、且確實付出行動，並有強大的意志力，持續等待機緣成熟，千萬不能抱著「一天捕魚、三天曬網」的態度；如此，在信念、行善的力量支持下，人生將有機會逆轉勝，成為命運的掌舵者。

多元布施，增強運勢

布施會帶來富貴，不過，布施的種類相當廣泛，例如印佛書、捐錢財、捐時間做志工、捐血、捐骨髓、臨終捐大體……等多元的布施範圍，如何選擇不同的布施方式，對自己的運勢及財運，也會產生截然不同的效果。

舉例來說，寺廟裡常有經書、佛法光碟，內容大多是教導人不要殺生、多說好話、多行善、勸人啟發菩提心……等，這些皆可稱為「法布施」，由此可見，文字具有強大的力量。

除了法布施之外，多說好話則是一種「口才布施」，平時多讚美、少批評，好話可使人成就佛道，壞話則為自己增加惡業；度人來聽經亦可增加功德，多聽佛法、多讀佛教經典亦可得到智慧，改變過去的成見。

此外，志工服務則是付出體力、時間服務人群；捐血、捐骨髓等則是貢獻身上可用的部分，不管是布施時間、體力或身體，皆可得到健康。

與朋友一起做志工，也是種福田的方式之一，很多人不知要如何布施，不妨來功德山做志工，或是度人來聽大師解經說法，皆可增添福報及功德。

然而，有些人從事志工服務時，並沒有從佛法改變想法及思維，依舊升起煩惱心，也得不到智慧，甚至當志工還遭人罵、遭人嫌、發脾氣，或與人發生摩擦，反正愈做心愈煩，態度也和善不起來……。如果碰到這種狀況，應該多抽時間聽經聞法，誦經迴向，才能消除障礙並得到化解的智慧及能力，志工才能做得長久，也做得歡喜。

另外，也有些人樂於從事志工服務，但是對錢放不下、捨不得，如此還是容易遭致貧窮，雖然做志工可得到健康，卻無法富足相隨，往往年老時與貧窮為伍，若能及早對錢放得下，不只貢獻時間更奉獻財富，當年事已高時，即可健康、富貴長相伴。

布施的最高境界即是「度眾生」，在學佛的道路上，不只是修自己的心，也是度眾生，例如去醫院當志工，慰勞病患讓人開心則為無畏施，將可得到健康長壽。

另外，也有人透過興建廟、蓋道場、蓋佛寺為自己增添福報，日後可讓未來世得到寬廣的田宅，例如擁有田地、大房子；若供養佛像、莊嚴道場像唄器、幢幡等器具，當寺廟愈是殊勝莊嚴，亦有助於未來的事業發展愈來愈興旺，亦有機會位居高官，成為在上位者。

除了蓋廟宇外，像郊外的風景區沒有洗手間，若能發願蓋廁所，也是一種「給人方便」的布施，究竟捐蓋廁所具有什麼功德呢？佛說為人蓋廁所，日後身體就可全身通暢、不會出現腫脹，因此，若身上飽受腫脹困擾者，不妨發願蓋廁所來消除業障，慢慢深耕福田、累積福報，才能否極泰來、漸入佳境。

有些人為了度人聽經，提供車輛方便大家學習佛法，與提供車子帶人旅遊得到的布施效果大不同；功德山每個月為了救度眾生，舉辦全省巡迴的灑淨活動，提供十幾部遊覽車讓人乘坐並附三餐，唯有持續做大家所不願做的事，因努力不求回報付出時，很容易心想事成。

在臺灣，幾乎沒有道場常態性前往各地灑淨；不可思議的是，功德山僅僅花了三個月，即完成兩千坪的道場，那時建設道場的速度極快，從六月動工起，預計九月一日舉辦開光大典，結果不到半年即落成啟用，令大家嘖嘖稱奇，像變魔術一樣。由此可見，當自己一直不求回報付出，令人如意、予人方便、使人滿願，那麼，成就別人之餘，也是幫助自己盡速達到目標，以後無論做什麼事，都能夠快速成功。

因此，讓自己邁向成功的關鍵，即是勇於付出、樂於奉獻，例如度人來修行，或是奉獻遍灑三千的車資、餐點費用，無所求的付出，有助於事業、家庭或健康等任何所求皆可及早如願以償，邁向成功提前達陣。

不過，若是心中有所求，才來服務人群，一旦被人指責時，很容易受不了而興起退轉心，殊不知任何一種型式的布施，皆可增長智慧、啟發菩提心，尤其當服務人群時，更是展現菩提心是救助一切眾生力量的最佳時機，好像得到師父的加持力，那麼，抱持菩提心做志工，將會愈做愈歡喜、愈做愈充實，使命運得到很大的轉變。

樂於付出，收穫多更多

在功德山，有很多弟子經常參與遍灑三千，或是帶大悲咒水來到醫院、墓園進行灑淨，這些地方是多數人不願意去，或是對上述場所心生恐懼，如何啟發菩提心、降低恐懼，進而樂於付出呢？

此時，不妨當成慎終追遠的清明節，將它們當成列祖列宗，前往灑淨，就像為家人掃墓，抱持感恩的心面對祖先時，就不會感到恐懼，要學習把一切眾生當作自己的祖先，一旦心念轉換時，也就祛除了恐懼。

儘管面對無形的世界時，大家既看不到也摸不著，然而，這些眾生並不代表不存在，而是過得相當苦，若能持大悲咒水灑淨，讓它們沾著就得到解救，秉持慈悲心來救度眾生時，就不會感到害怕。

很多人面對無形的一切，經常會感到莫名的恐懼，擔心前往墓園、殯儀館、醫院易「卡到陰」，或是招惹到晦氣，因此，這些地方令大家退避三舍，甚至身上帶了很多「平安符」才願意靠近，否則心裡總是覺得毛毛的，然而，若以布施的心情與它們結善緣，那麼，這些擔心、害怕豈不是多餘？

當這些眾生知道前往灑淨的布施者，都要度化、解救它們，怎麼可能前來加害呢？多數人因對鬼不了解而產生的擔憂，加上胡思亂想，以為孤魂野鬼會對自己造成可怕的傷害，殊不知若是樂於灑淨，連鬼都會跪求和感激呢！

其實，心生恐懼的原因，在於沒做任何利益他人的事，便以為這些靈界好像會來索命或打擾，然而，若是學習佛法，心中已有經典作為依靠，知道大悲咒水能夠利益眾生，自然會增長信心，就不會感到擔憂害怕了。

學習佛法，即可從佛教經文中了解孤魂野鬼沒得吃、沒得喝、沒得穿、沒得用，甚至連喝水都非常困難，它們只能吃人們吃剩的食物，在垃圾箱或從大街小巷去翻找，相當可憐。

若能了解這一切眾生的苦，升起慈悲心前往這些場所時，沒有傷害它們的心，它們也不會對自己造成危害。只是，究竟亡靈到底有哪些需要，我們和它們素昧平生，又能給他們什麼呢？

其實，亡靈無非是希望有功德、有福報，期待可以投胎當人的機會，或是能夠到好的地方去，就像人出發前往目地的，總是需要先準備好車資、物資，才能如期出發，因此，當鬼可能要過了幾百世，等惡罪消除很多之後，才能轉到畜牲道，再轉到人道，若能為它讀《大悲咒》或是辦法會、打齋……等作為功德迴向，就能夠順利離開。

因此，無論是捨身修來的功德，還是捨財而來的功德，都要與眾生共享，以一顆分享的心與人結好緣，而不是只留給自己用而吝於布施，當心中產生利他的無私奉獻時，就不會感到害怕，愈願意給予時，自己反而會擁有愈多，這就像漣漪一樣，甚至連財富都會悄悄來臨，形成一種善的循環。

實際上，當願意捨己度眾生時，連好兄弟都會高興，因為它們也會感恩、護持及護法，以灑大悲咒水為例，這些好兄弟被救上去之後就可以修行做菩薩，當菩薩的力量比當好兄弟的力量大太多，萬一如果遇到災難時，菩薩只要稍微幫忙一下，就能將災難化小，甚至化為烏有。

這就好比在世間若與人結下深仇大恨，這些冤親債主將會找上門來，無論人在何處、住哪裡，最後都會找到，根本無處可躲，但，若是以布施、利他的行為為它們多做功德，跟眾生之間不但沒有仇恨，更是為它們增添福報，只要心存善念、誠心幫忙眾生時，多參與遍灑三千、煙供法會等，使這些眾生轉換成為菩薩，當它們成為菩薩後也會前來報恩，這麼做，都是為自己製造未來的貴人，它們也會非常感恩。

像是有陰陽眼的人，常會看見它們在墓園或像殯儀館等地方徘徊，因為它們在那裡受苦許久，若給無私灑淨就能助它們修行成為菩薩，相較於燒紙錢給好兄弟，對它們來說，紙錢的供給是短暫的，用光就沒有了，那並不是功德，不能轉換生存的環境，但是做法會、灑淨就是累積福報，度化走向極樂世界修行去。

播下善的種子，草根力量無限大

俗語說：「為善不欲人知。」在過去，世人的觀念是默默行善，但，近年來，大陸鉅富陳光標來臺灣灑錢的「行善」作風，引起社會兩極化的討論，行善究竟該高調布施，藉此拋磚引玉，還是從事善心義舉低調為宜，較不會引發嫉妒心呢？兩者之間如何拿捏得宜，真是一門不小的學問。

是否應高調行善的作風，應先了解布施者當下的心態，到底是為了沽名釣譽？還是藉此拋磚引玉？因為清淨心的布施，則是帶動大家加入行善行列的強大原動力！

面對「布施」這檔事是否該昭告天下呢？若傳播出去的出發點不在於炒作新聞，而是希望世人共襄盛舉，一起投入行善的行列時，那麼，抱持謙卑為懷的態度，希望自己有更大的能力做得更好，此善舉即可號召更多人加入行善的行列，言談之中，亦不會引起嫉妒或令人感到壓力。

只是現今社會上，到處充斥著「好事不出門，壞事傳千里」的氣氛，作惡多端的人一旦上報，可說是天下人盡皆知，網路世界到處是惡人惡行，充滿暴力之氣，所花費的社會成本難以估計，因此，更應該四處弘揚善法、稱讚善行，當每個人都願意從自身開始，做好事、說好話，秉持日行一善，可一點一滴為社會注入良善的風氣和力量！唯有「隱惡揚善」，大家才會知道原來世界上，還有這麼多人在行善。

這股正向提升的力量，需要大家同心協力發揚光大，當有人行善布施時，不應批評高調炫富，反而應隨喜別人的功德，隨著別人的善行去讚嘆，不應以言語打擊人家的心情，若連讚嘆都說不出口，代表肚量窄小，沒有布施的捨心。

或許，多數人依舊難以認同高調行善的作為，但，最好以正向的態度，才能與對方結好緣，當有人行善時應讚嘆他，而不是說一些風涼而尖酸刻薄的話，以負面的心態揣測別人，即是結下惡緣。

想要廣結善緣或結下惡緣，不妨看看下列這則寓言故事：

有個人開了一間店，晚上關門時，甲來敲門了，他看了這個人就說：「我不喜歡，不開門。」後來換成乙來敲門，他看了感覺不錯，就幫他開門。佛的弟子就問佛說，為什麼這位開店的人，看甲不喜歡，看乙又喜歡？

佛說開店的人在無量過去世，是一個要被推在街上將被殺頭的人，甲看了之後就起了念頭，這人一定是造惡多端，活該要被殺頭。乙看了卻生起憐憫心，覺得好可憐，他的父母一定很傷心，可能是因為沒有遇到教導善知識的人，兩個人興起完全不同的念頭，導致在無量的未來世因緣中又相遇了，這個被殺頭的人看到甲，就不由自主不喜歡他，可見只是心裡怎麼想，即注定結善緣或是惡緣。

佛說布施能斷三惡，慳吝、嫉妒、惡思。

由於「布施」與「富貴」兩者之間互為因果，凡夫之所以布施，無非希望以後富貴相隨，期盼未來能與快樂長相伴。

一個人若想遠離貧窮，一定要樂於布施，因為，布施會帶來富貴，在許多佛教經書裡，不難發現許多勸人布施的經文，平時藉由學習佛法尋求善知識，了解布施的意義，即可從付出的過程中，得到內心真實的快樂，使布施成為生活的一部分，並且以身作則，進一步感召他人一起加入布施的行列，那麼，這股善的循環將會不停擴大，宛如漣漪般擴散出去。

但有不少人在布施之後，都很期待有立竿見影的效果，可惜的是，一旦出現有所求的心態時，所得到的收穫往往不如預期，如果是以無求的心，當成清淨心的布施時，收穫卻經常遠超過自己的想像。

佛說，勸人布施的目的在於啟發人們的悲憫心，當無所求的布施加上不貪求、不執著，樂於把一切果報迴向給眾生時，就會像快遞般，把福報寄託到未來世。當這一世不愁吃穿、不生驕慢心時，即可把功德福報都留在今生未來世，使每一世都能富貴相隨，這一世的人生之路，也會愈來愈寬廣。

在臺灣，有許多默默布施的行善者，以一顆實在的清靜心真誠付出，當看見這些沒沒無聞的小人物，一步一腳印悄悄行善時，無論是實質的付出體力或金錢，都要讚嘆其善念及善心，多讚美即廣結善緣，使這股無限的草根力量傳遞下去。

發菩提心，精進生命的意義

很多人日復一日上班、下班，並不知道自己此生來到人世間走一回，到底有何使命，俗語說：「天生我才必有用。」每個人來到世界上都有必修的課題，究竟如何發現自己的使命呢？

其實，使命大約可分成兩種，一是來到世間，多數是有互欠債的因緣成熟，躲不掉而今世要還債；另一種則是報恩，例如報父母恩、眾生恩、佛恩、社會恩、國家恩，今世是為報恩而來；最後則是更神聖的使命，在於開發自己的潛能，即啟發菩提心，展現內心的真誠大愛，以清靜無所求的真心奉獻，為眾生、為社會、為國家、為世界來祈福。

那麼，如何開啟自己的菩提心呢？首先要知道菩提心的功德，那麼，不妨聆聽師父講經，因為，聽經有助於讓自己開啟智慧，當持續用心聽經，再加上強烈的利他意願，即可得到快速扭轉命運的力量。

以學生為例，如果沒有意願上學，即使老師想要幫忙也救不了，當自己選擇自暴自棄時，基本上是無人能幫，因此唯有上進心，自然就會遇見善緣，只要是發願啟動善念，自然就會出現教授方法的老師。

過去有位年輕人仰望天空發大願，希望眾生都快樂，使一切眾生成就佛道，期盼尋求擁有智慧及富貴的方法，冥冥之中，佛陀、善神都聽得見，此時就有一股聲音告訴他，有佛會教這個方法，可是這位佛已經涅槃圓寂了，不過，祂有安排一位法師繼承祂的法。佛法無邊，只要問，祂就會告訴你。由此可見，只要有願，就有一股聲音來牽引內心求法，所以，一定要有使命，懂得如何啟發菩提心，而不是自己憑空就會了解一切，必須求善知識、求方法來指導自己。若期盼自己的發心不退轉，避免在未來世對錢財執著、捨不得、放不下，這一世就要發大願，希望生生世世都有大捨心、大布施，即可使來世具有大智慧，即有力量救度眾生，此大願將可帶到未來世。

一旦發願，不但佛菩薩、善神將指點迷津，考驗也會伴隨而來，但不管遇到什麼狀態，都要接受挑戰，就像考試，不能因為害怕考試就不讀書，不能因為怕考驗而怯於精進，一旦經過考驗，將會感到更加殊勝、更上一層樓。

主動付出並感謝家人的支持與包容

俗語說：「家和萬事興。」家是每個人的避風港，每個人無不期望一家大小和樂融融，洋溢著溫暖氣氛，但若是三天一小吵、五天一大吵，每當下班、下課回到家就像來到殺戮戰場，一不小心便爆發口角，那麼，家人即成為可怕戰友，該如何化解爭執，如何透過布施利他促進家庭的和諧幸福呢？

以母親為例，媽媽是一家之主，每天若能抱持著歡喜的心情做家事，為先生、孩子服務，也是對家人慈悲的布施，即使沒有人來幫忙，依舊怡然自得，時常給予家人親切的關心祝福，有助於增進家庭喜悅氣氛。

每一天先生上班、子女上學，都得承受沉重的工作及課業壓力，回到家感到疲累不堪，無不期盼獲得充分的休息及豐盛的晚餐。若家庭成員為家庭奉獻一己之力，都有助於增加家人之間的凝聚力，例如子女主動幫媽媽端菜、倒垃圾、掃地……等，先生則開心為太太整理廚房、洗碗……等，當孩子及先生都樂於奉獻綿薄之力時，為家人歡喜付出時，也是一種精神布施。

然而，若母親等到先生下班、孩子下課回到家，只見大家坐在沙發看電視，一點都不想幫忙做家事，尤其當她一人忙不過來，無奈祭出強硬的手段來分配家事，家裡氣氛不好，夫妻及親子關係也變得格外緊張。此刻，若轉念一下，對家人好言相勸，彼此共同來分擔家事，而不是互推責任，即可明顯改善家庭氣氛。

有時候，家人很可能把工作情緒帶回家裡，例如先生在辦公室受到客戶的批評、上司的指責，心中累積了相當多的負面情緒，在公司裡，無處宣洩在辦公室所受到的委屈，若情緒管理不佳，回到家裡易把家人當成出氣筒，造成很冷僵的家庭氣氛。

因此，即使受了委屈，不宜把工作情緒帶回家，愁眉苦臉對待家人，更不可藉題發揮遷怒於親愛的家人，而是以高EQ來轉念，即使跟家人分享工作心情，抱怨一下，仍要感謝家人的傾聽，相信一切都會有最好的安排，保持平和安樂的心情，並感謝長期默默支持的家人，以樂觀積極的思維、累積正面能量，即可化解工作上的種種煩惱情緒，將一切負面情緒拋至九霄雲外。

家人是每個人最親近的伴侶，長期相處時更容易發生衝突，若要維持和諧的家庭氣氛，便應多讚美家裡每個成員的付出，勇於為家人付出生命的光與熱，多一些包容、少一點責備，畢竟「有捨就有得」對待家人之間愈是無私的付出，愈能增進家庭的凝聚力，使家庭洋溢濃郁的幸福感。

家庭和諧是社會祥和的基石，若在行、住、坐、臥之間，都能時時感謝，樂於承擔與分享，如此一來，每個家人在外所承受的壓力或挫折，回到安穩、祥和的家裡，所有的創傷皆可在家中得到修復、療癒，隔天就能帶著信心和快樂再度出發，以正能量面對一切。

現代人晚婚、不婚已成趨勢，離婚率也屢創新高，該如何經營婚姻，使結婚不再成為感情的墳墓呢？不妨透過佛法學習，了解這一世能成為家人，這些緣分都是從過去世而來；因此，婚姻不只是享受愛情，更應該主動關心伴侶、公婆及其他家人，應善用這一世報答對方的好，用心體會家人的恩情；因為，唯有家庭和樂融融時，當家人團結一心，更能在事業上全力以赴，得到全方位的圓滿成功。

樂於布施，富貴自然來

「布施」是一種自在的奉獻，不過，在布施的過程，心境上有什麼轉變呢？其實，無論布施的對象、財物或用途為何，佛說「布施」是看自己有無捨心，藉此度化自己的貪念及執著；尤其一開始布施時，不妨從一百元、五百元、一千元開始，漸漸擴大捐助至一萬元、十萬元，便覺得輕鬆自在，一旦不再被金錢束縛時，心境上也會感到自在快樂，若能把錢當作工具，便不會把金錢看得太重。

然而，有些人往往嗜錢如命，談起「布施」，就像割自己的肉萬般不捨，甚至會很好奇到底布施出去，究竟能夠得到什麼呢？殊不知抱持著歡喜心布施金錢，將可常與佛神、菩薩、聖賢、天人、善人相聚，命運自然會向善，常與富貴為伍，即使自己不求名，名利也會不請自來，財富、貴人都會靠近，但是貪念重及捨不得者，只能與畜生惡鬼常相聚，兩者相差甚多。

在佛教經典提到，布施的人可得福，而接受者是收下別人的福報，接受者不會藉此增加功德，所以平時養成樂於奉獻的心，就像散播布施的種子，可為自己帶來無可限量的助益。

很多人常抱怨自己的命運不好，言談中易出現宿命論，然而，布施不但能改善機緣，更能改變命運！以前，在美國有個真實故事，一位年約四十多歲的中年人，是全美排名前十名的富豪，光從別墅的大門到家門口的車程長達十分鐘，別墅外面還有一座大花園，是位財力十足的有錢人，很可惜的是正值壯年的黃金歲月，卻罹患了淋巴癌，醫生甚至宣判所剩的日子不多了。

這個中年人想到自己非常有錢，但生命卻即將結束，便開始學習佛法，希望自己再活久一點，可好好享用這一生賺來的財富，但師父建議他，若想要多活得長壽，即需捐出所有財富，至少要超過好幾百億，才能換得幾年壽命，請問這位富翁該怎麼做呢？

一般人可能認為把錢全部捐出去，即使換得數年壽命，最後卻淪為貧病交迫，豈不是更加悲哀？不過，這位富翁卻換個角度想，連命都快沒了，世間的錢也帶不到下一世，金錢若不奉獻、布施，留再多錢又有什麼意義呢？所以他便依教奉行，聽師父的話，捐贈了畢生財富。

結果捐了終生積蓄，過了不久，這位富豪不但沒有死，絕症更是完全康復，重拾健康後賺到的財富比以前更多，就是這一世所發生的事！因為，人往往在捨與得之間，不停衡量與評估，就像拔河般難以抉擇，直到生命的盡頭才能清醒。

因此，有時不要想太多，只要能放下感情、金錢等身外之物，即可活得輕鬆、坦然，佛說：「萬般帶不去，只有業隨身。」「業」即是指善、惡業。

現今是M型社會，有錢人開賓士、住豪宅，沒錢的人可能連生活都不易維持，面對貧富差距愈來愈大的今天，若以「二〇／八〇法則」估算，世界上大部分的財富過度集中於兩成的人身上，也易引起窮人的嫉妒心，深感有錢人為何不把錢捐出來而生氣不已；但是，此舉不但無濟於事，更會招致貧窮，那麼，窮人已經「生吃都不夠」，該如何透過布施遠離貧窮呢？

若能換個角度思考，有錢人擁有的富貴，也是靠自己奮鬥而來，在過去及這一世修來的福報，因此無需投以異樣的眼光看待有錢人，倒是應多讚嘆富人，了解他們財務自由的原因，在於過去勤於布施，才有享有今日的福分，若這些富人當初是以不好的手段來取得財富，最後也必須承受果報，因此無需羨慕，而應隨喜富豪過去的功德。

面對日漸擴大的貧富差距，窮人千萬不要埋怨，感嘆自己時運不濟，只是等著好運從天上掉下來，佛經裡告訴我們，抱怨、嫉妒是瞋恨的元素，由於抱怨不會招致好運，反而更是雪上加霜，甚至使自己愈來愈貧窮，最後淪到鬼道，變成很凶、很窮的鬼，實在得不償失。

因此，必須從小錢開始布施，即使沒有更多的錢，亦可隨喜讚嘆別人的功德，以柔軟的心恭敬讚美每一個人，讚嘆佛法、讚嘆出家人，做任何事都保持正念，以慈悲心救度眾生，捨不得傷害並祝福一切生命，即是佛說「以小善本修大果報」。

何時是布施的好時機呢？其實，隨時隨地都是布施的好時機，只要願意先捨自己的身體、時間來修福報；其實，布施真的很簡單，只要心念一轉，無論是撿垃圾、清潔環境……等，都是利益眾生的事，例如寺院的人手不足，亦可協助煮菜、洗碗，都可以修福報，只要身體健康，願意布施勞力及時間，也能從中肯定自我，漸漸隨著時間的累積，當機緣日益成熟時，金錢也就自然會來到身邊。

財富與布施之間互為因果，想要得到富貴，一定要先樂於布施，窮困的人不能過於固執，只用自己的方法卻聽不進去別人勸誡，老是向外求財富；唯有從內心修持做起，才不會一直悶悶不樂，生活在苦海之中，必須保持開放的心，接受大家的建議，才能否極泰來、左右逢源。

根據統計，高達百分之七十的煩惱與金錢有關，因此，該如何養成正確的金錢觀，使現代人看待財富、使用金錢時，以更有智慧的理財思維，使這些煩惱轉化為正面能量呢？其實，富貴來自於布施，布施金錢可啟動財富能量，與其抱怨老是與財神爺擦身而過，只是自尋煩惱，何不利用時間多做一些功德、善事，為大眾尋求利益，當時來運轉時，當機緣成熟時，終究會得到財神爺的眷顧。此外，許多夫妻時常為了金錢吵架，例如子女教育費用、家庭開支等各種開銷，時常因為使用金錢的態度不同，引發大小不一的爭執，最後還傷了和氣，實在得不償失。

所謂「貧賤夫妻百事哀」，想要維持幸福美滿的婚姻，金錢是夫妻之間必須面對的共同課題，尤其現今大多為雙薪家庭，各種日常開銷如房貸費用、生活費、交通費等，以及投資、儲蓄等長期的理財規畫，都需要建立共同的理財目標，彼此達成共識，才不會使婚姻因為金錢而爭吵不休，維持得相當吃力，甚至有後悔、無奈等無力感，尤其一旦缺乏溝通，很容易到後來「相敬如冰」，兩人漸漸相形漸遠。

肆・善的循環 佛法在人間

親近佛法，啟動學習熱情

面對日新月異的科技時代來臨，應隨時保持學習的熱情，才能在社會上保有競爭力；然而，很多人離開學校即停止學習，每天只是日復一日上班、下班，宛如賺錢的機器。

俗語說：「學如逆水行舟，不進則退。」一旦停止學習，生命便只剩下維持基本的生存而已；那麼，人生很可能出現警訊，此時若能實踐佛教經典的教義，將有助於重燃熱情的心，培養學習新事物的動力，這是職場勝出不可或缺的關鍵。

學習佛法，即從中學到佛的智慧與慈悲，在學習中深感自己的不足，藉此產生成長的動力，若期盼達到像佛一般無所不知的境界，則需時時精進，隨時保持謙卑的態度，努力吸收浩瀚無邊的佛法，加上不斷自我精進，期許自己達到和祂一樣，即可維持學習的熱忱。

所謂「人外有人，天外有天」，當自己深感不足時，就會激發充電的動力，持續努力追求自我超越；俗話說「教學相長」，經由相互切磋討論，將激起更多的求知欲望，因此，即可保持學習的新鮮感，進而精益求精、達到超越極限的境界。

不過，有些人的學習過程經常出現「三分鐘熱度」，尤其遇到新事物，在好奇心的驅使下，一開始總是展現十分旺盛的學習力，然而，一旦新鮮感過了「賞味期」，便再也提不起任何動力，就像時鐘的電池失去電力，無論如何上緊發條，指針都不會再動一下，那麼，又該如何延長學習的「賞味期限」呢？

其實若在學習的過程，養成回饋社會、利他服務的習慣，將可展現教學相長的熱忱，從做中學、學中覺，在分享中發現自己的不足，展現持續的學習動力，並藉由學習的過程提升自己，即不易與社會脫節、被時代所淘汰。

這就好比攻讀碩士、博士，儘管兩個字讀起來十分簡單，但真正進修時，卻需要花很多時間上課、寫論文，才能完成學位；因此，達成目標需要極度忍耐、磨練，過程並不容易，唯有，使自己保持探索學問的熱情，才是在職場上勝出的關鍵，也是創造和他人差異化的一大利器。

想要保有學習的動力，亦可從很多高僧大德弘法的過程中得到借鏡，為了使一切眾生得以離苦得樂，就必須聚積更多能量，使實踐及布施變成一種功德，這種不為自己、只為大眾的無私想法，就是一種利益眾生的動力，引領更多弟子優遊在佛法世界中，尋求佛法的智慧，使生命更加豐盛。

人生短短數十載，若期盼突破命運的框架，不妨以古聖先賢作為學習對象，藉此激勵自己，將可優遊在佛法世界中不停精進，使人生更上一層樓。

發現生活小確幸，抓住幸福的溫度

「幸福」是任何世代所努力追求的目標，只要勤於學習佛法，即可明白「幸福是向內求，而非外求」的道理，因為保有放下、不貪的清淨心，才能在雙手放開時擁有一切，那麼，離幸福也不遠了。

很多人習慣了一成不變的生活，不知如何為平凡的日子增添創意；其實，只要用點心思，觀察生活周邊的一景一物，即可發現生活小確幸！因為，這股幸福感自內心油然而生，是一種內心豐盛的滿足感，即使只是一件非常平常的小事，也能讓心情快樂很多天，只要保持以歡喜心看待生活中一切事物，心中便會洋溢著幸福的喜悅，感到生命的無限美好。

儘管有時候，難免會遇到一件令人措手不及的事，或是連日陰雨綿綿的天氣，讓心情偶爾陷入低潮；因此，若能降低對生活的標準，對凡事不要過分要求完美，培養一顆熱情、開朗的心，就能發現幸福無處不在；因為一味滿心期待，一旦發生不如預期的結果時，幸福感就會蕩然無存，快樂也會降低許多。

平時主動關心朋友的生活，別小看一通簡訊、一句親切的問候，將使人感到格外溫暖，當喜怒哀樂都有姊妹淘共同分享時，心中將洋溢著濃濃的幸福。

幸福並非向外求，而是必須修持內心，尤其現今面對瞬息萬變的時代，若能處變不驚、境隨心轉，時時保持清淨自在的心，即可保有幸福的溫度。

景氣不佳、物價上漲，當大環境到處充斥著負面消息時，有些人時常埋怨自己命運多舛、懷才不遇，無力扭轉生命的困境，其實，人生逆轉勝的祕訣，在於改變心念，因為唯有渴望得到幸福，起身而行、實踐善事，並努力深耕福田，才有機會為自己創造好運。

否則，即使衣食無虞，面對同事、家人終日吵鬧不休，也不能算是幸福，因此，不妨常持《大悲咒》，有助於促進辦公室及家庭的和樂氣氛。

如果，當家族成員或同事之間早已「積怨深似海」，亦可持《大悲咒》，將無量功德迴向給對方，秉持精進不懈怠、持續不間斷的心，隨著持咒的時間累積，有助於化解多年來的恩怨，使氣氛得以日漸冰釋，甚至有機會重拾消失已久的凝聚力。

另外，若平時常持《大悲咒》並誠心懺悔，加上常懷感恩心，未來在善神的護佑之下，藉由佛力加持，將可遇見一切善事，讓人得到富貴，實現一切所求的願望。

經由學習佛法開啟智慧，心中也會常保喜悅、快樂，就會更加珍惜當下所有一切，無形之中，即可獲得許多助力、得到善果，幸福感即源源不絕而來，尤其是捨身救度眾生時，更能啟發菩提心，從中得到更大的力量。

有些人時常埋怨上天不公平，深感自己時運不濟，一味陷入比較及計較的痛苦深淵裡，四處怨天尤人，言語中充滿了負面能量，如果能換個立場想，世上有許多生活在黑暗角落的人，生活過得更加辛苦，甚至三餐不繼，就應該為自己感到慶幸、滿足；因為，每一天都是幸福的開始，只要樂於把這一分愛的關懷，真誠對待家人、朋友、社會及一切萬事萬物時，以鼓勵代替指責、以讚美取代怒罵，以無私奉獻服務大眾時，即可廣結善緣，貴人、健康、快樂皆可長相左右。

祝福的力量

祝福有力量嗎？每當朋友生日、各種節慶來臨時，大家都不能免俗祝福對方平安、快樂，別小看祝福的力量，只要誠心發好願及善念，都會帶來不可思議的力量！

每當前往世界各國弘法時，總是真心持誦《大悲咒》，加以祝福這個國家富貴相隨，當這一分真情與當地連結時，就會形成一股善緣，因為很用心珍惜這難得的緣分，所植入的愛就像播種，未來將漸漸成長茁壯、開花結果，日後當機緣成熟時，再度前往該國弘法時，與該國的子民宛如家人般親切，這就是善的循環。

只要給予大眾誠心的祝福時，天地萬物的靈魂都會感受得到，無論是到哪個陌生的國家，都能透過旅遊、出差等機會，無時無刻持《大悲咒》來迴向該地一切眾生，傳播的能量不容小覷！別小看這意念的祝福，經常使用就會培養成一種能力，就像看《超人》電影時，每個人都希望自己成為超人，擁有超乎凡人的能力，尤其是能誠摯給予無私的祝福，當祝願成真時，心更覺圓滿。

有次臺灣的弟子到墾丁遍灑三千，沒想到墾丁卻出現落山風，這陣風大到連桌子都要飛起來，此時有弟子建議：「快點遙請師父給我們加持，讓風不要那麼強烈！」當時師父在溫哥華，收到訊息立刻持咒修法，試著用意念加持，讓臺灣墾丁的風可以減緩、降低，大約過了五分鐘後告訴弟子，已經加持完成，看看風勢是否減低許多？

弟子看到墾丁原本是很強大的風力，隨著師父在遙遠的溫哥華加持之後，果真風勢漸漸降低緩和下來，直呼不可思議，沒想到師父遠在海外，居然能夠以意念加持讓墾丁活動得以順利進行，由此可見，佛法真的無邊，可超越疆域、跨越國界，達到利益眾生，給予當地最貼心、感動的祝福。

謙卑圓融，生活無往不利

時常聽到長輩告誡晚輩：「高調做事、低調做人。」做人低調代表謙卑、不驕傲，過於高調容易樹敵，容易引起忌妒，若保持低調做人的原則，當尋求支持時，較容易得到大家的鼓勵、贏得掌聲，獲得眾人的力量，若習慣以高姿態示人，便不易放下身段，亦會使大家感到難以親近，人與人之間宛如隔著一道無形的牆，相當可惜。

因此，想要尋求別人的支持之前，需先得到大家的認同，例如度眾生需要廣大力量，當集合眾人之力一起推動利他的功德時，即可看到眾生離苦得樂的喜悅，存著感恩的心，就容易做事圓滿、無往不利。

很多人認為做人要圓融，但是，人與人相處之間難免會產生摩擦及衝突，如何達到和諧的狀態？面對長期默默行善，一些不求名、不居功的小人物，不妨多讚嘆他們，尤其對善的讚美多加推廣時，也是恭敬對方的表現。

經常對人讚美，肯定對方，廣結善緣將可贏得友誼，做事也會格外順利。然而，年輕人做事時，很容易陷入三天捕魚、兩天曬網的窘境，甚至只有三分鐘熱度，如果做事沒有恆心，就像種樹播種、澆水之後，卻疏於照顧、半途放棄，相當可惜，無法持之以恆便難以達到圓滿的結果，因為「功德圓滿」需要機緣成熟，才能使過程順利無阻，達到圓融和諧的目標。

不過，並不是任何事都能順心如意，若遇到好事多磨的情況該怎麼辦呢？有些事情眼看只欠東風，差臨門一腳就能圓滿達陣，無奈時機尚未成熟，只要能夠沉得住氣，凡事多忍耐，等待下一次的機會，勿因不成熟而挫敗放棄，唯有從過程中檢討改進，謙卑請教前輩指導，尋求下一次更卓越的表現機會。

唯有不停修正自己的腳步，以低調的做事風格展現工作亮點，面對任何人、事、物時，過與不及都不易達成好的結果，宜隨時調整方向，保持彈性，當時機成熟時，自然水到渠成。

「無我」的最高境界

很多人認為修行是追求無我的境界，對於凡事無所求，這種生活態度看似相當消極，難以創造經濟效益，究竟「無我」和「消極」之間有何區別呢？

其實，無我是不執著、不貪，做個樂於放下的人，佛說，不貪就會富貴，這是一個真理；因為，當人陷入執著時就容易貪心、生氣，若保持無我的自在心境時，就不會在意這些情緒，也較能理智、尊重對方，不會過度在意自己的感受，反而更加積極尊重對方，並能快速轉換，捨下貪、瞋、癡、慢、疑等執著，這不是消極。當年，佛陀因放下王子的身段，結果修成了佛，使生命更上一層樓，達到更高的富貴，由此可見，放下並不會失去一切，若應用在財富上更是如此。

佛說，財富可分成上品財、中品財及下品財，三者之間有何分別，上品財又具有什麼殊勝的力量呢？

舉例來說，當企業老闆只顧及自己的利益，卻不拿錢布施，也沒有護持三寶，所賺到的財富只用於利益自己，沒有什麼價值可言，甚至對員工非常苛刻，對太太、子女也是一毛不拔，對自己也捨不得花用，也不信佛，即使擁有千億身價，他的財富不過是下品財。

另一種人創業非常認真，擁有卓越的做事能力，也具有敬業的工作態度，對太太、孩子、員工、朋友都很盡責，對父母相當孝順，這種人在世間的標準來看，可稱之為好人，可惜他沒有學習佛法、沒有修行，不知布施奉獻，即使就算做到了所有條件，也只能創造中品財富。

第三種人是對太太、孩子、員工、朋友都很寬容，對父母孝順，做人忠厚圓融，而且信佛之外亦護持佛、法、僧三寶，發菩提心行善，達到利益眾生的雙贏，那麼，他的財富具有大愛的精神，將可稱之為上品財。

由此可見，欲期盼提升財富價值，平時即需多做利益眾生的事，在行、住、坐、臥之間，皆與菩薩為伍，生命價值提昇，才能進階為上品財。

學習佛法最高的境界就是「無我」，當持續不斷精進付出、不求回報，祈求佛的智慧，並以慈悲心度別人，正所謂「無求品自高」，只要有一顆真誠祈求的心，最後可說是無事不成。

那麼，有哪些達到無我境界的入門方法呢？若能了解一切都是因緣和合，從父母、朋友到社會大眾，彼此之間皆為互惠互助，若沒有他們，也沒有自己的存在，因此，當明白父母、社會到社會大眾等一切都有所關連時，應抱持報恩的心，了解自己屬於大眾，當誠心無所求幫助大家，展現無我的境界，就是最高的智慧。

化小愛為大愛，覓得菩薩伴侶

「愛情」是世間男女常見的執著，無論是女生奉獻青春、男生娶養妻子一輩子，情愛通常經由交換而來，不過，如果對方變了心，另一方通常會認為自己吃虧被占了便宜，進而產生怨恨、報復，因此，覓得合適的伴侶，可說是許多人的衷心期盼。

「你欺騙我的感情……」當兩人感情出現裂痕時，受傷的那一方通常會感到遍體鱗傷，過去付出的一切感情，最後卻面臨難以接受的結果，因為在戀愛中，全心全意為對方付出，對方的一舉一動都會影響心情，一旦變心時，就會痛苦萬分。

若雙方來自於真誠的愛與交流，則是出於一分清淨的心，而非男女之間的兒女私情，當一切為無所求奉獻愛，而非只想得到對方的愛，就會感到自在與快樂，因此，不管是否談感情，心中的愛必須平等給一切人，即使這個人變心，還是有其他人讓自己快樂，就不會在內心出現重大失落。

情侶談戀愛很容易出現占有欲，然而，當行事作風都是為了一切眾生著想時，行為舉止就會感召欣賞的人前來，因為習慣愛一切眾生，也正是這股人格特質，易吸引了較有大愛的人，如果，未來生活在一起時，已把愛一切眾生當成習慣時，如此感召而來的因緣，可能就是菩薩伴侶，日後共同生活才能降低很多障礙、痛苦。心量小的人感召來的是同樣是心量小的人，大心量的人常會和大心量的人在一起。

若是貪求小愛，只能擁有小愛的因緣，通常這種人心量也較小，當只求一個人的小愛時，也會吸引只求一個人的因緣，即不會吸引菩薩伴侶，若是轉念愛一切眾生時，亦容易受另一半的反對，似乎自己的愛，只能給予對方，若各執己見無法有共識時，雙方就會僵持不下，畢竟，小愛僅能感召小愛到來，也難以擴大愛的範圍。

反之，當具有大愛的人欣賞自己時，通常心胸較為寬大，為人處世也較為大器，正因彼此都有愛一切眾生的特質，才會彼此吸引，若能把握這個原則，被感召來的伴侶，才會同樣都具有利益眾生的想法。

其實，很多人都有利益眾生的想法，也會希望未來伴侶也有同樣理念，所以若自己是大愛的人，一定能感召到和自己相似的人來到身邊，只是必須有恆心，堅定持續走這條路，努力不放棄，到後來即可遇到合適自己的人。

當心存善念、緣分就會來，只怕僅有三分鐘的熱度，因此要恆久行善，無須費心尋找、刻意強求，當一切因緣俱足時，在對的時間點，對的人就會如期相遇。

死亡，只是另一種移民罷了！

多數人都恐懼死亡，原因在於不知道離開人世後要去哪裡，對於生命最終的去處不了解，也不知道死後要去什麼地方？其實，「死亡」是每個人的必經之路，若把它當成「移民」，當出發到一個陌生國度之前，先有基本認識，才能做好萬全準備，全力以赴。

尤其當人們步入中年之後，通常會思考與「死亡」相關的議題，求得善終成為每個人的期盼，如何讓人生的最後一段路走得自在圓滿，而非意外或貧病交迫，甚至在病床上躺了二十年才離開人世呢？尤其是許多長輩面對「死亡」時，雖說心裡有準備，但還是會感到害怕，究竟身為晚輩，如何讓老人家不恐懼，使生命中的最後一程看透生死，不要恐懼死亡呢？

如果，把死亡視為「移民」到另一個世界。若把死亡比喻成移民，較不會令人感到害怕。

多數人對死亡沒有做好準備，在於善業累積不夠多，信念不足，所以心生恐懼，因此趁年輕時，應多增加善業，就會相信自己在死後前往好的地方，就不用感到害怕。

若把死亡當作移民計畫，就像真實人生中那樣，無論移民到哪個國家，都必須事先了解每個地方的情形，有哪些必備條件，再決定要去哪裡，才能及早做好周全計畫；例如死後期盼能夠到佛國淨土，就不能殺生、偷盜、說謊，當具備了這些品德條件時，離開人世之後，才有資格到佛國淨土。

死後的世界，就像移民到新國度一樣，死後要去天界或地獄？還是當人或當鬼？或是畜生還是佛的淨土？如果生前我們認識不清，不知道自己要前往哪裡，生前不做準備（修行），一旦啟程時，自然會心生慌亂，因為不知道自己去的是天堂淨土，還是動亂爭戰不休的地獄？

想要移民到最好的國家，便需符合移民的標準及規範，才能順利移民成功，因此，每個人想要來到極樂世界，都需要累積足夠的福報及善業，若這一世並非善類者，只能落到地獄道、餓鬼道及畜生道，所以，必須非常清楚這些地方的「門檻條件」，同時衡量自己過去到底做了什麼？大約會「分發」

哪些地方？若察覺自己的行為都在地獄、餓鬼、畜生的範圍內，就要及早懺悔、修正、止惡，從此多加修善、布施、利他，徹底改變個性，才能改變未來，就不會再恐懼生死了。

每個人都怕死，更怕「不得好死」，若想避免這些不好死的情況，必須時常保持懺悔的心，行事作風謹言慎行，要心懷慈悲、不要增加罪業，並把持誦《大悲咒》當成生活的一部分，長期下來可增善除惡，而且修持《大悲咒》的人，通常在往生後，佛都會來接引他去淨土，當靈魂離開身體，跟隨佛陀的腳步前往極樂世界，可以感受到佛的殊勝力量，而不會害怕、恐懼。

把握當下，及時修行

有很多人不知道自己的目標，每天過得渾渾噩噩，絲毫不覺得生命有何急迫性，因為多數人不了解生命無常，也不會覺得珍惜當下的重要。

有句話說：「棺材不是裝老人，而是裝死人。」面對生命無常，如何保持心境自在？

其實，人一出生就朝向死亡邁進，如果始終不願意付出，只是把錢留在家或銀行，等到生命的盡頭來臨時，什麼財富都帶不走，只留下在人世間所造的緣和惡業，不管到哪裡，這些都會跟隨著到下一世。不論善緣和惡業，都是由自己的心所造的，所以，唯有在日常生活中斷惡修善，把這一世的財物用來增加善報，藉由布施、奉獻累積功德；若這一世的財務體力都只給自己享用，當功德、福報用完了，下一世就會更辛苦、貧窮，或許不用到下一世，晚年就會過得很辛苦、貧困。

若是罹患長期的病叫作業障病或業報病，必須心存懺悔，唯有懺悔才能滅罪，使壞的機緣不會成熟，再加上持《大悲咒》，因為持《大悲咒》的人，不會得到十五種惡死*，就是得到不好的死法，例如天災橫禍等，會得以善終。

無論我們的人生是貧窮或富貴，都難以掌控壽命的長短，唯有及早未雨綢繆、籌糧善路，多為自己增加福田，若過去善行累積得不夠，除了加快腳步之外，還要及早為未來世做準備，而不是只為了現世的眼前短暫利益、享樂及一時貪歡，而不求修行提昇生命靈性層次。

想要在未來前往好的去處，這一世就要努力累積大福報，積聚這些功德，多做善業、利他的布施，當斷惡修善兩者相加，等到這一世結束後，才能到好地方。如果，這一世做了一半好事、一半壞事，雖然沒有太好，但也沒有太壞，即修慈善業中品，來世則會繼續當人；如果，這一世修得還不錯，就可能升到天堂，不過，若以前因為不懂，所以做了很多壞事，如果為以往不好的道德懺悔，了解將來有果報，從此就必須加以修正行為，不再犯錯。

所以趁此世，盡快修正自己的步伐，把握當下，趁還有一口氣可以呼吸時，心存慈悲及善念的想法，才會使心自在平安，當身、語、意都保持正向能量時，即可放下貪、瞋、癡、慢、疑……等執著，努力修行，勿放縱自己，恣意浪費生命，在修持的過程中持續精進，才能為日後增添更多善業，並樂於付出奉獻與關懷，努力為下一世的好去處鋪路，使這一世不拖磨之外，走得無罣礙平安殊勝。

*注：《大悲心陀羅尼經》經文記載「十五種惡死」為：（1）不令其飢餓困苦死。（2）不為枷禁杖楚死。（3）不為怨家讎對死。（4）不為軍陣相殺死。（5）不為豺狼惡獸殘害死。（6）不為毒蛇蚖蠍所中死。（7）不為水火焚漂死。（8）不為毒藥所中死。（9）不為蠱毒害死。（10）不為狂亂失念死。（11）不為山樹崖岸墜落死。（12）不為惡人厭魅死。（13）不為邪神惡鬼得便死。（14）不為惡病纏身死。（15）不為非分自害死。

吃素，來生不受輪迴之苦

有些人認為，葷食注定給人食用，並不覺得尊重生命有多麼重要，其實，若不尊重萬物，當生命走到最後的盡頭時，都會出現輪迴及因果報應；因為任何生命都有靈魂存在，因此吃了這些動物，就是迫害其他生物的孩子，等於把快樂建築在眾生的痛苦上。

若換個立場思考，若自己被別人傷害、辱罵時，心裡會感到相當苦悶，何況是宰殺、烹煮成食物供人享用，更是一件非常殘忍的事；如果有一天，自己的孩子也變成別人餐桌上的美食時，無論是父母或家族一定會很痛心，因為，至今也尚無任何法律規定，誰能評斷人可以吃動物，對這些動物來說，又怎麼會甘心被人類所殺害呢？

無論是否有學習佛法，若有機會親眼看見殺生，都會有很強烈的感受，很可惜的是，人們往往為了滿足口腹之欲，卻自私把眾生烹調為美食佳肴，以因果的觀點來看，如果一直吃這些動物，將來也難有子嗣，不易孕育子女，其實，身為人類，並沒有權力殺害這些動物，對信奉肉食主義者而言，無非是和這些無辜的眾生結下了惡緣。對沒有信仰的人來說，並不會相信因果輪迴，有些人講了也不信，就是善根不足、善根淺薄，因為不相信，從心態、行為便難以改變，才會放肆傷害別人，除非等到自己遭受惡報時，也就後悔莫及了，因為造惡業的結果就是受苦。

另外，有一些具有善根的人，會相信因果關係，畢竟人不只活在這一世而已，往生之後會以另一種方式存在在這世界上，為了使來世更好，必須在這一世多積功累德，多做善事，多發菩提心，多增善止惡，杜絕貪、瞋、癡、慢、疑等執著，使來世不會墮入惡道，唯有這一世更加謙卑愛惜天地萬物、無所求利益眾生，來世就能富貴相伴。

因此，若能秉持同理心對待所有自然萬物，而不是抱持著眾生理應被任人宰殺的自私心，內心將得到平靜、自在，唯有了解吃素與輪迴之間的關連，便會格外珍惜眾生，所以，對萬事萬物抱持感恩心，以菩提心來對待一切眾生，人生之路也會日漸寬廣。

捨得，是流動的正念

思想具有力量，心存善念變成一種善緣，心懷惡念就是自私的惡念，如何讓正向的信念，成為一股對的力量呢？首先要了解什麼是對錯的衡量基準，但是，現代社會的價值觀非常混亂，很多的世俗標準並不見得完全正確，什麼是健全的價值觀，舉凡利益眾生、不會製造對立及紛爭，有益於社會國家的事務，才是有價值的。

很多人期盼得到智慧，佛說，執著帶來愚癡，唯有放下執著，才能展現智慧，因為真實的智慧，必須要了解因緣果報，明白一切原本就是空性、空相，理解並尊重世間的因緣和合，才能得到真正的智慧。

《心經》中強調「空」的重要，不過，空與滿之間應如何拿捏呢？所謂「空」，是指一切萬物都是因緣聚合而成，若是沒有眾多的因緣成熟，也無法成就一切；因此，宜時常感恩社會大眾，大家各司其職，才能提供便民的生活。

思想，就像杯子一樣，唯有杯子內保持清空，才能夠裝進新的想法，所以無須執著現今所有，那是一種能量的流動，無論是利益眾生、推動佛法都一樣，唯有對自己所擁有的保有空性、不執著，愈是樂於分享，就能擁有愈多，這是一種善的行為。

以金錢為例，亦需流動而非停滯不前，一旦足夠就要布施出去，因為，當布施愈多，將來愈多錢回到自己身上，反之，有再多金錢卻不做任何布施，那麼，財富永遠也只有這麼多，就像一灘死水而不會持續增加。

智慧亦然，當擁有任何知識都要不吝分享，它所代表的是智慧的流動，因為，只要布施想法以後，就會再得到新的智慧，正所謂「教學相長」，因為分享及討論會產生新的火花，自然也會出現求知若渴的全新動力。

佛法尤其如此，需要散布才能使更多人了解佛教義理，例如好事、善業都不吝於闡揚，這也就是「法布施」，若持續在佛法中吸收新的智慧，經由不斷精進，直到有一天福德圓滿，積聚佛的智慧，使善念成為一種力量，日後想要引度什麼樣的人皆可。

伍・

淨化覺醒從自己開始 度己度人

跳脫感情苦果，真情覺醒換自在

每個人都有七情六欲，難免容易出現貪念、執著，該如何觀照自己，以保有清淨自在的心境呢？首先，要先了解佛說的因緣果報，就像數學有公式，如果沒有照公式計算，便容易算出錯誤的答案，所以，覺察自己的第一步即是認識佛法，一旦心偏離了正確的軌道時，就像輸入錯誤的公式，最後只會得到錯誤的答案，當兩者對照時，才會了解彼此之間有什麼不同，否則沒有佛法作為基礎，人往往迷失了一輩子，也不知道自己所犯的錯。

學佛的人都知道，當太多貪求，便容易落入貪的深淵裡，尤其有佛法作基礎，即可察覺貪的不對，由於貪念而導致窮苦來臨，那麼，防止貪念的第一步即是布施，無論如何都要告訴自己：「不行，必須放下，要給別人。」察覺自己，必須有善的基礎為標準，才能比照自己的狀況，是否符合佛說的標準，如此一來，才能察覺出其中的差異。

不過，現今社會的價值觀混亂，許多年輕貌美的妙齡女郎，為了少奮鬥數十年，寧可和髮禿齒搖、年逾半百的富商在一起，過去一直有不少年紀相差相當懸殊的老少配新聞，期盼不費吹灰之力，即可坐擁名車豪宅，獲得對方的財產，不惜踐踏自己的青春，濫用年輕的本錢，只為了急功好利，不惜以不擇手段欺騙感情，偏偏自己並不認為有什麼不對。

可惜的是，現代男女為了能夠減少奮鬥數年，即可早日享受財富，又能每天穿得亮麗，殊不知耽溺於物欲之中的他們，心靈其實更空乏，往往是自欺欺人，沒有感情基礎靈性交流的兩性關係，說穿了就是空中樓閣。為何不進一步設想：「這個人並不是我可以要的，即使他再有錢，也不過是貪圖美色，我不可能永遠滿足他。」唯有不是建立在男女貪愛的情愫關係上，雙方的情才能長久維繫。

不過，很多青年男女奉行拜金主義，希望嫁進豪門或娶富家千金；經常看見不少過度裝扮、全身名牌的時髦女子，在五星級酒店穿梭，只為了遇見富豪而實現「麻雀變鳳凰」的淘金夢，展開少奶奶的貴婦生活，殊不知貪圖享樂，以嫁入豪門作為畢生志向，也是陷入一種貪念和執著。

何不轉念試想一下，富豪人家現今所擁有的一切，也是依靠過去修持的福報，以及這一世努力經營的成果，除非嫁入豪門後努力創造「績效」，例如延續豪門的香火，如果為了遇見富貴人家，老是把自己弄得花枝招展，既沒學識，也沒智慧，即使果真遇見富公子嫁入豪門；要做好一個豪門好媳婦，也不是單憑外在的美貌就擔當得起。

中國人的傳統思維裡，普遍還存在門當戶對的傳統觀念，因此，豪門世家的子女，尋找對象的條件也大不同，例如在某方面有特別才華的歌星藝人、主播、明星……等，這些姻緣就會找上門來，不用自己花心思找，一旦刻意就是攀求的心，很容易招來不好的因緣，當一直執著在入主豪門的貪念之中，也容易吸引貪的對象到身邊來，如此一來，想嫁入豪門不一定能美夢成真，甚至還可能遇到也想少奮鬥幾年的少年郎，所以，還是多多充實內涵才是正道，享受雙手打拚而來的榮華富貴。

其實，真正吸引有錢人的，是集合了一身才華與智慧的女性，她們才能使豪門主動上門，這樣促成的因緣才不會來自於貪求的，更不是單方面攀求人家而百般隱忍和低姿態；因此無須過度包裝外在的形象條件，為了吸引富公子，終日打扮得像聖誕樹，若真有如此大的福報，根本無需費心爭取，因為命中注定就會擁有富足的家庭。

另一種情形則是，有些女生不想介入婚姻，但感情路卻總是常不經意介入別人的婚姻，好像命中注定般坎坷難行。

女人何苦為難女人，讓另一個女人傷心，很可能就毀了一個家庭。一旦和有家室者發生不正常的男女關係，這一世及未來世，便容易會出現「沒有潔淨的眷屬」；例如妻子出軌時，先生可能也會外遇；或先生在外面偷腥，也容易導致自己的太太被欺負、強暴等遭遇；甚至也連累下一代，包括孩子容易被同學打壓、侮辱等不好的事情，也就是佛說的「邪淫」。

然而，多數人不了解因緣果報的影響力，一不小心便陷入愛欲情仇的執著裡，甚至為了追逐名利而各取所需，不惜犧牲色相來換取對方的財產，未來要承受難以想像的後果；若大家能秉持同理心來自我約束，即不會出現許多夫妻失和的家庭悲劇了。

「只要我喜歡，有什麼不可以。」時常成為現代人的藉口，企圖把好東西快速占為己有，造成偏差混亂的價值觀，如果換個立場想，若自己是富商的另一半，兩人攜手打拚多年至今，好不容易胼手胝足、苦盡甘來，沒想到，多年來一路相挺的伴侶卻另結新歡，教人情何以堪呢？一旦過了人生大半輩子，當衣食無缺、什麼都有了，誘惑也會相對增加，那麼，若是禁不起外界的誘惑，往往容易造成一失足成千古恨，毀了家庭也連累家人，因此，千萬不要以為天下有白吃的午餐，最後卻賠上慘痛的代價，得不償失。

真正生命的本質都是清淨無瑕，每個生命原本早已俱足一切，無須外貪、外求，愈有智慧的人，愈能開創出寬廣的人生旅程，而愈不被執著所束縛。

俗語說：「人生最大的敵人並不是別人，而是自己。」每個人的內心深處都有許多如忌妒、瞋恨、比較、高傲……等人性弱點，然而，佛為了度化眾生，苦苦等待眾生回頭，中間也必須經歷忍耐的過程，等待祂所愛的眾生回頭，藉由適當的機緣示現，等待著世人在濁世中清醒。

不過，佛的忍耐是無所求的，與世人為了名利、財色、權勢的忍耐完全截然不同，因此，人唯有經由學佛的過程，加以修正自己的行為，勇於面對，承認且誠心懺悔，才能放下自己，而不要只是執著於面子，才能在尋求人生智慧的道路上愈走愈寬廣。

利得，從利他開始

隨著資本主義盛行，很多世俗的價值觀早已與以往大相逕庭，尤其在競爭激烈的職場上，很多人常抱怨一生青春奉獻於公司，但每當升遷加薪的機會來臨時，卻始終與自己擦身而過，或許是福報不足，才會導致結果不如預期。

每個員工都期待「升遷加薪」，不過，為何有些人老是官運亨通、仕途一帆風順，有些人卻無法吉星高照，得不到幸運之神的眷顧呢？

其實，想要得到升遷，除了應在本業努力不懈，更要珍惜在工作崗位上所擁有的一切，愛惜自己的羽毛，抱持著謙卑的心、樂善好施、為民服務……等親力親為的表現，也會深受老闆的青睞；因此，廣結善緣、放下名利、以利益一切廣大眾生，即是為自己創造未來的貴人。

此時，不妨藉由學習佛法的過程，觀照自己的心是否偏離，才能了解自己的不足之處，努力深耕福田，未來才能種善因、得善果。

其實，植福無需求人，只要學佛，就能關照自己的內心有無偏離，當心已偏離軌道時，便容易走上不歸路，因而迷失自己、失去自信；對佛而言，每個人所做的每件事，未來往哪裡去，佛都相當清楚，但一般人卻不明瞭，便需要依循佛的教義，讓自己走在軌道中不偏離，踏上成功的康莊大道。

因為，心性本是清淨，一旦迷失了方向，就像在迷宮中繞了老半天，卻無法選擇正確的道路，一旦太過染濁加上向外貪求，無非是雪上加霜！佛說要放下、布施，心才能更為清淨，進而得到富貴，卻有人只相信自己、一意孤行，然而，這條路可能是黑暗無光，最後還是得不到想要的結果，因此，時常親近佛法，多布施就是為自己多植福田，有助於明心見性。

以學習佛法作為人生的基石，即可為自己種植福田，培養一切無所求的捨心，就不會出現自私、算計、計較、貪求、消極、自私……等負面思維，而是以公正、平等的心看待一切，較易擁有光明正面的想法，而不會陷在愛恨情仇的泥淖中無法自拔。

無論是求財或求名，若得不到想要的結果，都會相當難過，也常有人懷才不遇或老是遇到小人，也就是「怨憎會苦」，相當於冤親債主來聚會，因此，唯有廣結善緣，不要傷害人家，否則一直會陷在冤冤相報的惡性循環之中，生活也會過得相當辛苦，所以，多包容、少抱怨、多微笑、少生氣，才能再造福田，創造一切良緣。

愛，是最無價的美容聖品

韓劇當道、日劇當紅，不少小資女以劇中的女主角為目標，期盼像她們擁有亮麗的外貌，於是，在臉龐及身材投資過多的金錢……

近年來，整型外科、健身中心、美容塑身集團……等標榜「美麗」的機構如雨後春筍般全面占據市區的繁華街頭，連許多藝人上電視節目時，也大方承認抽脂整型，造成一股過度追求外型亮麗的社會風氣。

這股風氣快速蔓延至社會各角落，儼然成為全民運動，從貴婦、小資女到學生等不同族群，不惜花費大把鈔票，以時尚流行、去楣開運、求姻緣……等各種琳瑯滿目的塑身理由，只為了臉蛋立體、身材的曲線更加動人。也有年輕少女整型上百次依舊不滿意，身體不堪負荷，甚至不幸喪失性命，為了追求外貌的美麗，使生命提早到盡頭，最後是登上社會版面，而畫下了生命句點，令人不勝欷歔。

殊不知，真正最無價的美容保養品，其實是源自於內心長久以來的「愛」。

然而，卻有不少過度追求外在美的人，始終活在世俗眼光的標準裡，反而不時展現出懦弱、易怒、沮喪等自信不夠的表現，反而很容易失去大好機會，相當可惜。

也有一些人整型抽脂後，終於如願成為人人稱羨的美人兒，卻沒有出現好人緣，全身上下猶如冰山美人般，令人感到遙不可及、難以親近的距離感，過度的人工美就像易碎的搪瓷娃娃，經不起時間及人性的考驗。真正的美麗必須福慧雙修，智慧及專業齊備，才能長久。

無論男女老少、任何年紀，追求漂亮是人的天性，然而，隨著年紀的增長，皺紋、白髮都難以避免，沒有人能夠青春永駐，因此，改變個性、改進性格，才能時常保有快樂及熱情。

正所謂「相由心生」，只要保持笑容、不抱怨、不生氣，即可莊嚴自己的容貌，由內而外散發自信光采好氣色。

平時適度的化妝是一種禮貌，但過度在意外表，卻忽略充實內在的專業素養、品格操守，不但容易給人虛有其表的浮華印象，當真正重要的機會來臨時，往往擦身而過，應多利用時間多讀書、讀經文、學習佛法，即可得到智慧之美。

依世俗的標準來看，儘管外在條件佳，占了很重要的一部分，導致塑身霜、減重食品、保養品等塗、抹、擦、吃、喝等琳瑯滿目的美容商品，為社會創造龐大的美麗商機，經由外表的改變，是否真能帶來好運則有待商榷。

每天給自己靜心反省的時間，研讀佛教經文，時常讚美別人、帶給大家溫暖、常保笑口常開，當心中充滿愛時，成為人見人愛的開心果，就是最美麗的時候了。

多善行布施，走出低潮重拾命運發球權

人生有起有落，當遭逢生命的低潮時，其實，是為了迎接下一次高潮。人的一生有許多苦難，如何把握當下，為自己創造豐盛的人生？一位臺商在事業發展得有聲有色時，引起同業嫉妒，進而掉入一連串的設計中，導致妻離子散，意志消沉回到臺灣。失去鬥志的他，面對茫然的未來，不知該何去何從？

類似這樣事業家庭失意的例子，不勝枚舉。自古至今，人們總是為了無窮的欲望追求著，當超過了人所能夠承受的範圍，一旦面對難以跨越的苦難時，便以消極、宿命的想法困住自己，以算命尋求解決之道，殊不知，這把命運的鑰匙，其實是在自己的手中！

從佛教的觀點來看，在六道輪迴中有機會成為人，是十分難值難遇的，每個人來到世界上都是有使命的，唯有把握時光，經由學習自己開啟智慧，創造有意義的人生，是每個人此生的必修課題。

由於人生苦短，每個人的一生也是由過去的因果業報所構成，因此，今生中所遇到的一切人、事、物，都不是偶然相遇，那麼，修行就顯得更加重要。

佛法浩瀚無邊，若能依教奉行、福慧雙修，更能時時懺悔、處處反省，產生慈悲心，成為給人信心、給人希望、給人溫暖、給人掌聲的開心果，從助人的過程中建立自信、廣結善緣，隨著時間的累積，將會發現過去經常深陷於「求不得苦」的悲觀想法裡，更能積極的創造美好的生命經驗，而形成一股美的力量！

多數人遇到事業慘敗、懷才不遇、出身貧困等不如意時，常常會埋怨命運，使自己陷在情緒的低潮中無法自拔，卻不知如果懂得把握時光、珍惜生命，善用有限的生命，為自己多累積資糧，樂於布施、勇於奉獻，其實，命運是可以自己改變的。

現代人忙於工作、家庭，總認為等到退休才修行，然而，只要願意把握當下，珍惜天下萬物，就會漸漸改變思想、行為，進而扭轉命運，創造期待的幸福願景，把握每天的時光，隨時成為祝福別人的天使，將會發現不求回報的付出，命運的鑰匙將可掌握在自己手上，而不是操縱在算命仙的口中。

現在，就從自身做起吧！少一點摩擦、多付出、少計較、多關懷，用心發現周遭人的真、朋友的善、同事的美，時時讚美別人，不但使自己的生命得到滋養，更能感染別人，形成一股善的循環！將可把握無常的人生，為有限的人生創造「心」的價值。

以大悲水祛除全民共業

近年來，全球各國動盪不安，天災人禍不斷，面對全世界的災難，往往是全人類共同的惡行、惡念所形成的業力，惡的果報就是惡的共業，最後由大家共同承擔，因此，師父到世界各國弘法，也是為了期盼斷全球眾生的惡念，發願力斷惡修善，進而促成愛護自己、他人、社會、國家的和諧環境，同時亦可升起對社會、對國家的責任感。

每一個人活在世界上，不管男女老少，都要養成對社會、對國家的責任感，為目前所處的環境貢獻力量，以自己能力所及的範圍做最大的改變，像是日行一善，亦可為社會注入良善的清流，例如每天送大悲咒水和朋友結緣，就可消除一些無形業障，使大惡業得以祛除，凡事得以逢凶化吉。

一個國家若想真正的富強，並不是單指經濟繁榮，也要風調雨順，用慈悲的心愛護一切，自然就有善神會來保護、降除災難。因此，時常以大悲咒水救人及灑淨各地，主動與無形的眾生結善緣，將有助於降低惡的業力果報，甚至可以減少災害，袪除暴戾之氣、改變磁場，每處都變成吉祥寶地；且平時多布施、多灑淨，即可將大事化小、小事化無。

若國家不停發生天災人禍，付出的社會成本相當高，因此，多持大悲咒水祝福一切眾生，把所有眾生當成自己的小孩，當每一個人都把這分慈悲心化為使命，將它視為責任及義務，即可為周遭的人祈福，為社會帶來祥和之氣。

如果每個人從自身做起，把生活的環境用大悲咒水淨化到最佳狀態，並且利用時間來推動正法，即可消災解厄、對社會有所助益，也真正幫助國家變成吉祥寶國，即有助於人民安樂、國家富強，若是長年都沒有天災人禍，國家就能夠強大興盛。

《大悲心陀羅尼經》說，大悲咒水會沾到的所有眾生，一切惡業重罪悉皆消滅；若誦持者行於道路，風吹過此人的身體毛髮衣服，餘風下的諸眾生，因得其人飄風吹著，一切重罪惡業並皆滅盡。修持《大悲咒》可得十五善生*，生命圓滿，修行無罣礙。

若只要把學佛視為生活的一部分，並視為一種責任感，且養成勤布施、多做利他的行為，不但為個人、社會及國家增添福祉，更能在佛法的領域中不斷精進，並以弘揚佛法為使命，做到福慧雙修，使家庭、社會及國家帶來吉祥，達到利他又自利的雙贏局面。

每個人都期盼一生衣食無虞，若能多持《大悲咒》，即可使現世的財富具足豐盈，凡事皆可心想事成，亦可排除事業、運勢、經濟等方面的逆緣與障礙，在修行的道路上，無須為生活所苦惱，在道業的路程上感到滿足、不虞匱乏，因為「富貴、官位來自於布施」，只要人人樂於奉獻，即可促進天下太平、國家富強、人民安樂富足。

*注：《大悲心陀羅尼經》經文記載的「十五種善生」：（1）所生之處常逢善王。（2）常生善國。（3）常值好時。（4）常逢善友。（5）身根常得具足。（6）道心純熟。（7）不犯禁戒。（8）所有眷屬恩義和順。（9）資具財食常得豐足。（10）恆得他人恭敬扶接。（11）所有財寶無他劫奪。（12）意欲所求皆悉稱遂。（13）龍天善神恆常擁衛。（14）所生之處見佛聞法。（15）所聞正法悟甚深義。

淨化辦公室磁場，促進職場氣氛

大悲咒水有許多超越科學、難以解釋的特殊現象，甚至連枯萎的植物，也會因為灑大悲咒水而從此起死回生，由於它有使眾生免於落入獄的再生功能，對於多數上班族不得不重視的辦公室文化，大悲咒水也能發揮功效，使職場氣氛更和諧。

在辦公室內，自己若經常培養願意付出的氣度，也布施給別人，亦可促進公司有更強大的凝聚力，因為，這大悲咒水有自己的祝福，當願意給予、修行、布施持大悲咒水跟同事結下善緣時，加上衷心祝福他們，持有這種念頭久了，工作上不論到哪裡發展，都容易得到伯樂及賞識的機會。

時常攜帶大悲咒水在身上，妙用也相當多，例如辦公室的關係緊張，可能上司及部屬之間老是溝通不良，部門的工作進度經常遇到非預期的阻礙，那麼，很可能在同事之間，受到累世冤親債主所干擾，此刻，不妨在辦公的空間噴大悲咒水，藉此祛除同事之間的瞋恨心，有助於改善及淨化磁場，使辦公室氣氛更加圓融。因大悲咒能將人的貪、瞋、癡降低甚至化除。

不少上班族都可能遇到脾氣不好的頂頭上司，或是時常抱怨的部屬，那麼在辦公室裡，對話中經常充滿負面能量，很容易造成同事之間的不愉快，此時，不妨請他「享用」大悲咒水，即可從心裡生起歡喜心，因為，當心中感到快樂的正面能量時，就容易讚美別人，化解言語上的口角衝突，也有助於改善人際關係的對立，進而避免一天到晚添麻煩的窘境。

此外，大悲咒水亦可倒入飲水機中，等於是和部門同事結好緣，有助於大家正面思考、口吐蓮花，就不會時常出現爭執不斷、爆發口角衝突等情況，氣氛也會祥和許多。

不少辛勤工作的上班族，長期深受職場鬥爭所苦，分析這些不祥和的原因，大多是貪心、忌妒心、自私心……等人性弱點所造成，若想消除這些業障，只要在辦公室內噴灑大悲咒水，即可祛除暴戾之氣，減少瞋恨與對立。

有時候，對外提案或跨部門合作，每當談到最後關頭總是無功而返，使過去的努力時常功虧一簣，那麼，同事之間不妨多多以大悲咒水灑淨，使思緒更為暢通活絡，如此一來，合作提案將可無往不利，勝算在握。

然而，儘管大悲咒水妙不可言，不過，最好還是來學習佛法，藉此培養慈悲心、同理心，俗語說「以和為貴」，從內心做起、多忍讓、多付出，才是為辦公室注入溫暖氣息的一帖良藥。

正所謂「和氣生財」，「和」可以帶來團結、展現力量及利益，由此可見，「和」相當珍貴，如果互相瞋恨、互相破壞，最後只會造成兩敗俱傷。當一人要得利、其他人也要爭其利益時，彼此為了搶奪而互相破壞，到了最後，誰都得不到任何好處。

由此可見，想要創造快樂的職場氛圍，不妨一早到公司勤於灑淨，改變辦公場所的磁場環境，注入正面、清新的能量，不但能培養清淨心，更能使行為更加陽光積極，開啟正向思考的思維。

除了每天自己用大悲咒水，亦養成持《大悲咒》的習慣來迴向大悲咒水，且願意以大悲咒水向他人傳遞這分祝福，加上主動關心別人、給人溫暖、使人幸福，把大悲咒水用在利益眾生，每天的福報就會不斷增加，如此一來，人生之路將會愈來愈寬廣，每一天，都宛如沐浴在幸福的陽光下，使生命宛如綻放的繽紛花朵。

慈悲無國界

在佛教經典中提到，若是吃了大悲咒水加持的食物或水，皆可得平安長壽，若每天修練自己培養利益他人的行為，或經常前往海邊、河邊、車道噴灑大悲咒水，皆可幫助在鬼道的眾生們藉此得到解脫，那麼，這些區域也較不易發生交通意外，或傳出不幸的溺斃事件。

其實，在無邊無際的大自然裡，到處都有許多無形的眾生，藏在山林裡的陰暗處，或是依附在樹林間、草叢裡，如果常發慈悲心，在林中漫步時，以舉手之勞用大悲水灑淨，地下有許多昆蟲等動物、微生物等都能在灑淨的過程得到滋養，因為山有山神、樹有樹神、海有海神，所有的大地萬物皆可獲得護祐，使當地得到滋潤，十方眾生只要沾著大悲咒水，即能得到解脫往生至極樂世界，不再受輪迴之苦。這是出自《大悲心陀羅尼經》所記載的《大悲咒》的功德和利益。

除了學習佛法之外，若將噴灑大悲咒水或持《大悲咒》視為吃飯，就像每個人天天都要吃飯一樣重要，當成長期耕耘如灌溉福田，持續依教奉行即可利益眾生，經常讚美別人就像舌燦蓮花般，亦會令人法喜充滿，也是一種布施。

佛說，若對天地萬物都給予大悲水的加持，將可常保平安，若常走出去遍灑大悲咒水，利益廣大的眾生時，一旦遇到健康困擾如腳痛、皮膚病，多以大悲咒水清理傷口，除了傷口可較快復原之外，更有機會遇見好的醫生，早日藥到病除、及早康復。

整體而言，大悲咒水相當好用，以家庭為例，時常對孩子灑淨，亦可在學業上更加精進，較易遇見良師益友，求學之路不受挫，在成長的過程中，較為愚鈍的頭腦得以茅塞頓開，容易得到智慧；佛經上說大悲咒水可以消業障，對於智慧有障礙的人很有幫助。

有許多父母為了孩子的課業著想，給子女喝大悲咒水，不但考試成績進步快速，而且在校人緣好，易得到師長的疼愛、易交好友，在品格及課業上較能無往不利；或是親子之間有代溝，甚至常為子女的未來升起煩惱心，有些父母常為了孩子的課業、工作或婚姻而憂心不已，以大悲咒水灑淨，有助於改善親子關係。

《大悲咒》不但有上述好處，也會使人常逢益友，易得到別人恭敬，眷屬家族也會和樂融融、家業興盛；若有些婦女懷孕不幸流產，也要為嬰靈的累世父母做功德，超度他們，當他們都高興了，無形中亦會使家庭氣氛轉好。

除了子女之外，很多夫妻也會為了平時生活瑣事而吵架，若能常在家裡噴灑大悲咒水，對於家庭和諧很有幫助，正所謂「家和萬事興」，然而，身教重於言教，若是父母時常吵架，對子女也是不良示範，因此，若夫妻想感情升溫、或改善婆媳關係，皆可用大悲咒水改變家中磁場，使家人之間更有凝聚力。

有些人認為，以大悲咒水灑淨是與鬼道的眾生結緣，因此它們很容易貪得無厭，永無止境要大悲咒水，使生活受到干擾。其實，這便是對佛法的不了解，由於大悲咒水可以消除業障、斷貪念，只要鬼道的眾生，已得到足夠的大悲咒水，離苦得樂到極樂世界成為菩薩，為何會一直貪得無厭、索求無度呢？所以，多持大悲咒水灑淨，無非是想度更多無形的眾生，與它們結善緣，且救眾生是非常慈悲，功德很大的，同時亦有助於增加自己的貴人運。

其實，若凡事有所求所布施出去的，只會得到最少的福報，若是願意無所求、樂於付出、奉獻，願意大發菩提心，便是培養大捨心，在工作、家庭之餘，抽空來參加法會、學習佛法、參與遍灑三千活動等，彼此之間可經由經驗交流分享，並以法門作為依靠，加上指導上師的加持，在佛法的領域中怡然自得，更能在佛法世界中進步精進，改變命運。

正所謂「慈悲無國界」，若能持大悲咒水前往各湖泊山川、車禍頻傳的路段、屠宰場、墓園、納骨塔、殯儀館等進行灑淨，就可以使這些尚未被超度走的眾生，也能夠沾著到大悲咒水，並且也藉此解脫，同時使該地成為吉祥寶地。

大悲咒水灑淨，健康常相隨

大悲咒水不只能與一切眾生結善緣，若身上有病痛或傷口，面臨怎麼醫治都無法痊癒時，很可能是得了業障病，也許是過去不小心有得罪人，導致冤親債主無法投胎，或是累世祖先找上門，那麼，時常用大悲咒水灑淨傷口，並有真誠的懺悔心，業障病即可早點根除，早日遠離疾病，佛教因果論中，所有果皆有因，唯有修行，才能跳脫不好的因果。

以看病為例，若在新加坡生病萬一需要開刀時，醫藥費用相當昂貴，對於生不起重病的窮人來說，龐大的醫藥負擔將令人難以消受，因此，若能善用大悲咒水擦拭傷口，或給病人服用，一來可以減輕惡業障，二來可減輕病情，加速復原的時間，也能增加吉祥，甚至找到好的醫生，以病者能負擔的財力得到正確治療，若生命未到盡頭，最後，幾乎都能康復出院。

每當到世界各地用心在法會上持誦《大悲咒》，在各國救度眾生，把愛留在當地，使該國人民都能遠離病痛、得到健康，也是我最大的富足，因為，醫藥支出對國家而言，也是無形的健康成本，那麼，當人民少一點疾病，無形中，提升國家競爭力，同時亦促進生產力，都是國力富強的重要關鍵。

除了自己多持大悲咒水保持健康之外，不妨前往各大醫院內外灑淨，亦可為所有病患祈福，早日遠離病痛的折磨，也能得到好醫生的救治，同時為所有在醫院的往生者超拔，例如在太平間灑淨，可為往生者消除業障，少受疾病的折磨，不必再承受塵世間的痛苦，及早跟隨菩薩的腳步，前往西方極樂淨土。

由於醫院內有許多亡靈干擾重病患者，使患者身陷病痛中，若能時常在眾生容易聚集地如加護病房、普通病房等地方灑淨，就能為這些住院病人消除業障，使亡靈不再干擾和報復索債，一旦亡靈都能遠離院區時，病人就能睡得好，病情也能得到控制，甚至恢復情況變為良好。

其實，在植物人、重症患者的四周，都會有許多眾生圍繞，趁身體衰弱時加以靠近，因此布施大悲咒水為他們祈福，都可以使他們少受病魔折磨。

此外，前往社福團體進行關懷時，也可帶大悲咒水和當地的院童或老人們結緣，或是關懷植物人，因為，這些很多植物人若有機會在身上擦抹大悲咒水，也可能會甦醒過來。

若自己的親友生病住院，我們可以修持《大悲咒》，把修行的功德迴向給病患和他的冤親債主，可強大病患的生命力，助他們積功累德；迴向給長期圍繞在病患周圍的亡靈，可令它們生起慈悲心，才不會靠近病患，讓病患早日恢復健康。

在各社福團體內噴灑大悲咒水，除了可改善磁場、淨化環境之外，同時也能啟發慈悲心，使無形的眾生可以遠離，及早到極樂世界去，並為社福團體內的成員及眾生結善緣，因為這些眾生很可能是他們過去累世的冤親債主，因此，升起自己的責任感，協助它們及早離開鬼道，對社會、對國家也是功德無量。

很多人以為到處用大悲咒水灑淨，擔心引來更多無形的眾生相隨，其實，只要把這些眾生當成自己的小孩，或是過去的累世父母，便不會感到恐懼，心疼它們一直在鬼道徘徊，放不下世間的執著和仇恨，便能心生慈悲以大悲咒水度眾生，使它們離苦得樂，早日回到西方極樂世界修行成為菩薩。

在灑淨的過程中，便能感受到這一世能投胎為人是相當難得的，除了來還債之外，不妨在平時多持咒、多修福報、多培養慈悲心，多儲蓄資糧，才不會當生命盡頭來臨時，才驚覺自己過去沒有多做善事、多布施，因此，宜儘早趁身體健康時，多做利益眾生的事，將這些功德帶到下一世。

大悲咒水度亡靈，護送極樂世界

以大悲咒水度亡靈，眾生只要沾著就會開心前往極樂世界，但若是家裡遭逢喪事時，因往生者才離開人世，通常有很大的執著，捨不得離開家人、財富，而不願意離開這個世界，此時可用大悲咒水為他做大功德，及早解脫。

為人子女者應趁長輩還健在時，即應自立自強，才不會等到父母往生時，依舊是對子女放心不下，在人世間徘徊。

所以應時常告訴雙親不要罣礙，要放下世間一切，快樂的去西方極樂世界，告訴往生的家人不要牽掛，只是先去西方世界當菩薩，在天上護佑家人，未來一家人都會在極樂世界相遇，所以無須過於擔憂或煩惱，必須放下今生的執著，若往生者的心在人間，也無法前往極樂世界。

若能抱持慈悲心前往墓園、納骨塔等以大悲咒水灑淨，就是與自己累世的祖先、兄弟姊妹結好緣，使亡靈有所依靠，若是它們一直無法來到極樂世界或往生善處，有責任令他們解脫、離苦得樂，是非常有意義的好事。

過去師父帶著弟子前往新加坡的墓園灑淨時，天空立刻出現相當漂亮的彩雲，這就是佛菩薩及善神的嘉許，所顯現的殊勝景象。

為何要親自幫這些亡靈多方灑淨呢？因為長久在墓園的亡靈，對人世間還有很多執著，對於子女還有牽掛；財產在世間那麼多帶不走，心中不捨、不甘，或是執著自己的身體，和福報不夠，去不了好地方，便一直守在墓碑裡，多年都不肯離去。因此，唯有親赴墓園、納骨塔以大悲咒水灑淨，真誠用心來度亡靈，它們將因沾著到大悲咒水，從此離苦得樂，前往極樂世界。

很多人面對家人往生時，便把往生者視為鬼而不敢靠近，更別說去墓園、納骨塔灑淨，其實，若換個角度想，當祖先皆能前往佛國淨土時，自然也會庇佑後代子孫，使家業更為興盛，整體來說，不是家族的最大福報嗎？

廣發慈悲心，人我皆受益無窮

以大悲咒水到各方灑淨，就是慈悲心的具體表現，人生將受益無窮，那麼，廣發慈悲心到底有哪些益處呢？

第一是擁有很好的睡眠品質。根據研究統計發現，每四人中就有一人睡不好，可見有許多人飽受睡眠困擾，經常失眠者，想改善睡不好的困擾，就必須多布施、多慈悲，有助於安心一覺到天亮。

第二是不作噩夢。有些人雖然睡得著，不過，卻常在夢中驚醒，因為飽受噩夢困擾，很多有錢人也是一天到晚睡不好，或是常作噩夢，並不是家境富裕就能睡得安穩，這一切都是因果，若想睡得好、不作噩夢，最好多灑淨，廣發慈悲心，即可睡得又飽又安穩。

第三是人見人愛。有慈悲心者可四處結善緣，甚至不只是人會愛你，連動物、無形的眾生，都會對慈悲的人升起歡喜心，尤其現今是重視人際關係的時代，若能左右逢緣、人見人愛，無論是事業、家庭、健康各方面，機會也就無處不在、無往不利。

接下來是毒藥不傷身、火不能燒、水不能溺，舉凡令人難以預料的意外事件，或是遇人不淑、被人陷害……等，也不會對身體造成任何影響，即使難以預防，最後都能平安度過、凡事皆可逢凶化吉。對福報很少者來說，若能透過灑淨的過程培養慈悲心，有助於積功累德、消除業障，獲得吉祥及平安。

最後是天地敬愛你。得到天地之間的敬重，並得到上好的飲食、衣服、湯藥、床鋪或座椅……等，這些都不是自己追求而來，而是很好的物質條件都會不請自來，無論是食、衣、住、行、育、樂，各方面都能享有富足的生活品質。

舉例來說，過去師父的道場本在八德路，因緣際會，必須搬家遷至桃園，當弟子協助搬床時，發現床墊的內部都壞了，但是，師父睡這麼多年，一點都沒發現床早已損壞。弟子覺得師父每天為全球弟子講經說法，非常耗精神，需要一張好的床休息，才有體力弘法，便訂了一張全新的床。

其實，若平時身體沒有什麼大毛病，便不覺得健康的重要，任何時間怎麼吃喝玩樂，也不會有什麼影響，然而，一旦生病而且久病不癒，就會很期待遇見對症下藥的好藥物及醫生，由此可見，有些人常懷慈悲心，病情就會好得比預期快，更能及早恢復健康，這也是慈悲的好處。

對殺生重者來說，則不易遇到好醫生、好藥物，或是遇到的藥物都沒什麼效果，當別人吃了恢復健康，當自己服用時，卻一直不見改善，也就是業障現前，亦是俗稱的「因果病」。

尤其若是遇到傷害自己的人，若能選擇寬恕、不反擊，從心裡去真正原諒、饒恕對方，便是提升慈悲心的表現，平時多說讚美、鼓勵的話，給人信心、給人支持的力量，才會得到好人緣。

發慈悲心得到益處的最高境界，是得到上人法也就是得到師父的傳承，若是不聽話、不慈悲的人，遇到的老師教授祕訣都容易擦身而過，無非是人生最大的損失。

因此想得到佛的傳承，若能心存慈悲，即可遇到不藏私的老師，得到最適合自己的方法傳承，並且在今生終了後升天堂，尤其是升大梵天，未來也會容易成就佛道。

每個月，師父都會帶領弟子舉辦遍灑三千的活動，光是車資、伙食、大悲咒水……等，一天花費下來也需要不少費用，但為了度眾生，再苦再累也不會覺得辛苦，這麼多年來，無論是春、夏、秋、冬，始終風雨無阻，足跡早已走遍全省，只要是利益眾生的事都在所不惜。

所以，只要利益眾生之後，都能得到佛菩薩的加持，時常天空出現瑞相、或是天降舍利或法頌舍利，也是得上人法的最好證明。

不論何時何地，只要是立意良善、服務眾生，皆可大發慈悲心，最後亦能圓滿大願，這即是和天地萬物結好緣，與從菩薩、人、動物、眾生等都可建立良好友誼，遇見任何人都升起歡喜心，時常廣結善緣，那麼，很多好事都會如願以償，亦可不斷遇見貴人，運勢亦能一年比一年更旺，使人生更加豐盛精采。

好起來的力量

（好讀大字版）

作　者／寬如法師
文字協力／江羚瑜
出版經紀／廖翊君
封面題字／劉滿玉
美術設計／方麗卿
企畫選書人／賈俊國

總 編 輯／賈俊國
副總編輯／蘇士尹
行銷企畫／張莉滎・廖可筠

發 行 人／何飛鵬
出　　版／布克文化出版事業部
臺北市中山區民生東路二段141號8樓
電話：(02)2500-7008 傳真：(02)2502-7676
Email：sbooker.service@cite.com.tw
發　行／英屬蓋曼群島商家庭傳媒股份有限公司城邦分公司
臺北市中山區民生東路二段141號2樓
書虫客服服務專線：(02)2500-7718；2500-7719
24小時傳真專線：(02)2500-1990；2500-1991
劃撥帳號：19863813；戶名：書虫股份有限公司
讀者服務信箱：service@readingclub.com.tw
香港發行所／城邦（香港）出版集團有限公司
香港灣仔駱克道193號東超商業中心1樓
電話：+86-2508-6231　　傳真：+86-2578-9337
Email：hkcite@biznetvigator.com
馬新發行所／城邦（馬新）出版集團 Cité (M) Sdn. Bhd.
41, Jalan Radin Anum, Bandar Baru Sri Petaling,
57000 Kuala Lumpur, Malaysia
電話：+603- 9057-8822　　傳真：+603- 9057-6622
Email：cite@cite.com.my
印　　刷／卡樂彩色製版印刷有限公司
初　　版／2015年（民104）8月
售　　價／280元

城邦讀書花園 www.cite.com.tw　布克文化